中国人教子有问题

ZHONGGUOREN JIAOZI YOU WENTI

山西出版集团
书海出版社

作者名单(按单节次序)

苏颂兴　葛　壮　徐浙宁　余亚平
张　玲　谢　萍　陈　亮　陈晓敏
武凌竹　施碧霞　陆　淇　王丰超
何先美

目 录

1　开场白：失败的父母　苦恼的孩子

一、家庭教育职能问题　3

3　　家教，被忽视的"第二专业"
7　　"现代私塾"应该缓行
10　　家教等于"加"教？
14　　别做应试教育的帮凶

二、家庭教育观念问题　17

17　　"男主外"与父爱缺失
22　　严父慈母有道理
26　　好孩子动口又动手
29　　左撇子是瑕疵吗？

三、不同类型家教问题　33

33　　"变形金刚"乱弹琴
36　　树大自然直吗？
39　　溺爱与爱心缺乏症
43　　"护墙壁"下的碰撞
46　　"打"造出来的权威

四、家庭教育规律问题　52

52　　反思"三岁看大，七岁看老"

56	全职妈妈幸福期待的奥秘
59	从"三好学生"到抢劫犯
62	啃老族:现代隐士之路

65　五、家庭教育内容问题

65	性教育,儿童不宜?
69	课外读物成了"禁书"
71	好动不是多动症
75	空白的心理断乳期

79　六、家庭教育方法问题

79	授"渔"而非"鱼"
83	把握批评的艺术
86	说善意谎言莫紧张
89	该做主时不做主
93	网瘾要靠高手治疗
96	数数孩子有多少个朋友

100　七、家庭教育原则性问题

100	英雄时代让绅士走开?
104	教育投资,追求回报
108	一俊不能遮百丑
110	淘气:男孩好,女孩巧

114　八、独生子女家庭的教育问题

114	胖墩,营养过剩惹的祸
118	家中出了"小皇帝"
121	有偿家务劳动
125	被囚禁的"笼中鸟"

128 "娘娘腔"为何多起来
132 给"421综合征"把脉

九、早教领域的新问题 136

136 孩子的啼哭与秩序
140 人生最佳开端越早越好?
142 "奶爸"角色不能少
144 请了月嫂,别忘了自己

十、家教遗产中的是与非 149

149 "多子"与"独子"之福
152 玩物未必丧志
156 不打不成器吗?

十一、西方家教对我们的启示 160

160 18岁,父母不再是"取款机"
163 书本是甜的
166 勿做"背驮书本的毛驴"
170 家教的"优质时间"

十二、孩子心声折射的家教问题 173

173 别把我比得一无是处
176 唠叨让我心烦
179 我要童年我要玩
181 父母冷战为难我
183 日记非得上锁吗?

188 结语:放飞孩子 走向未来

开场白:失败的父母　苦恼的孩子

"望子成龙,望女成凤",是中国传统的家教观念。现在,"成龙"、"成凤"的基本标准是孩子考上大学,甚至要考上名牌大学。正因为有这样的标准,于是,孩子考上大学的父母,就是成功的父母;反之,孩子考不上大学的父母,就是失败的父母。

这种观念在我国贯彻独生子女政策以来,被进一步强化了。因为对一个家庭来说,孩子考上大学的家庭,是百分之一百的成功;孩子考不上大学的家庭,是百分之一百的失败。孩子考上大学成了每个家庭唯一的追求,而限于我国社会经济发展的实际状况,目前全国大学的平均入学率在50%以下。这意味着大多数的父母的目的自我评价是失败的。确实,在一个多子女的家庭,老大考不上大学还有老二考,"东方不亮西方亮"。一个家庭的成功与否,不会毕其功于一役,父母的失败感也就淡化了。

上述分析是由调查数据来支撑的。有项调查显示,50%的家长表示对自己的家庭教育"不满意",35%的家长坦言自己是"失败的父母"。这是很能说明一些问题的。

同时,中国是一个有着长期封建传统和历史的国家。家长意识作为家教的主流观念,充分地渗透在我们的生活中:父母往往居高临下用俯视的眼光看待孩子。这眼光是压抑孩子的。要孩子考上大学的家长意志,必然强加到孩子身上。"逼子成龙,逼女成凤"的结果,通常造成孩子与父母之间的对立,也给孩子带来前所未有的苦恼。

应该说,父母希望子女"成龙"、"成凤",但没有权利把"成龙"、"成凤"作为孩子发展的唯一选择。如果父母真要如此包办代替,那么相当多的家教从孩子降生的那天起就注定要失败了。

"中国人教子有问题",其源概出于此。

其实,孩子应该有自己成长的空间。今天的父母不仅不应为孩子设定发展的方向和目标,而且也不能以家长自居站在孩子的对立面,阻挡其发展。有个被孩子们挂在嘴边的词语叫"代沟",非常形象地表达了他们与父母话不投机的苦恼。

现在许多孩子很郁闷。有项调查显示:"当有麻烦或心里不愉快时",15.2%的学生会"告诉父母";11.4%的学生"倾向于憋在心里,谁也不告诉";7.6%的学生会"告诉老师"。虽然孩子与父母交流还占据首位,但与父母或老师"心存隔阂"的现象已相当严重。

某市精神疾病控制中心的一位心理医生,接待过好多因为与家长闹情绪而苦恼的孩子。她说:"在升学、选择专业等方面,家长往往按照自己的意愿做,而没有考虑到孩子的兴趣、爱好和感受。孩子学习的心理压力本来就大,这样只能使孩子和家长之间越来越没话说,沟通得越来越少。"

从父母的角度看,解决代沟、沟通的问题,需要理解孩子。

理解孩子表现在很多方面。一方面,父母对孩子不涉及是非的一切,要学会看得惯。两代人对各自所处时代的生活都有自己的切身感受,孩子的兴趣爱好和父母不同,行为习惯和父母不同,孩子的做法也往往和父母不同。父母不要与孩子格格不入。另一方面,父母要了解孩子的心理要求。美国学者赫茨曾对世界上20多个国家的10万名孩子进行了调查,结果发现,孩子对父母有10项主要要求:(1)孩子在场,不要吵架;(2)给每个孩子以同样的爱,不要偏心;(3)任何时候都不要对孩子失信和撒谎,说话要算数;(4)父母之间要互相谦让,互相谅解;(5)父母和孩子之间要保持亲密无间的关系;(6)孩子的朋友来家做客时,要表示欢迎;(7)对孩子提出的问题要尽量全面地予以答复;(8)在孩子的朋友面前不要讲孩子的过错;(9)注意观察和表扬孩子的优点,不要过分强调其缺点;(10)对孩子的爱要稳定,不要忽冷忽热,不要动不动就发脾气。父母要满足孩子的这些合理要求。

理解不是目的,而是教育的起点。理解代替不了教育,但没有理解往往也很难教育。说明这些道理,是本书撰写的一个目的,希望能对我们的父母有所启迪。

一、家庭教育职能问题

现在许多家庭,把学校的教学功能延伸到家里,自觉或不自觉地办起了无形的家庭学校。学生的作业每天要做到深夜;节假日,家庭教师要为孩子补课,家长要充当陪读的角色。我们不禁要问,家庭教育的职能究竟是什么?

家教,被忽视的"第二专业"

家庭教育是一门学问,良好的家庭教育是孩子健康成长的关键。如果父母缺乏家庭教育的知识,必然会影响孩子的一生。

我的一位朋友,担任着一份时尚杂志的主编。这份杂志深受青少年的欢迎,他也成了孩子们心中的偶像。但是辉煌的工作光环掩盖不了他心头永远无法抹去的伤痕。每天回到家中,他和妻子必须面对自己患了精神分裂症的儿子:突发的"恐怖袭击"经常让一个好端端的家,霎时一片狼藉。

这的确是一个不幸的家庭:夫妻俩"文化大革命"前夕大学毕业,双双去了西部工作。在山沟沟里,他们的独生子度过了平静而快乐的童年。"文化大革命"结束后,夫妻俩又双双回到上海,他到出版社做编辑,妻子进大学当教师。进城后,孩子的成绩单经常挂满"红灯"。后来孩子革命加拼命,成绩总算挤进班级第一梯队,显露出学习的潜力。然而中考时,孩子的成绩离重点学校的录取分数线相差整整20分。夫妻俩感到了在教子方面前所未有的失败,他们将孩子劈头盖脸地痛骂了一顿,骂孩子不努力、不争气。为了孩子今后能考上大学,他们无奈地四处奔走,结果花掉几万元的积蓄,送孩子进了一所私立学校。从此,他们以鼓励的形式把唠叨包装起来,让孩子的心理承受了难以名状的巨大压力。据说在学校里,这孩子连课间10分钟的时间也舍不得浪费。不到两个月,孩子开始每天晚上睡不着觉,白天提不起精神。老师在电话里向父亲告状。无知的父母认为孩子缺乏毅力,没有雄心壮志,继续严格要求。又过了一个月,孩子终于不堪忍受而发疯,住进了精神病医院。

这是高学历父母导演的一出家庭悲剧。他们像许多知识分子一样有着令人羡慕的专业知识,在单位是骨干,但作为父母他们缺乏教育子女这第二专业的知识,是绝对的外行。

在这对父母身上,第一专业的高智力与第二专业的低能力,形成强烈的反差。

比如,孩子学习跟不上,孩子考不上重点高中,在父母的眼里是孩子不努力、不争气的结果,是孩子懒惰和怕苦,是思想有问题。怎么办?父母一味地做思想工作,晓之以理,动之以情。他们的所有努力,不仅没解决问题,反而把问题弄得一团糟。其实,他们错把孩子的心理问题当做思想问题来处理,甚至根本不明白思想问题与心理问题完全是两回事,前者应该教育,而后者需要调适。于是,他们的孩子平时表现出来的各种心理现象,如紧张、压抑、焦虑和无助等等,在他们眼里统统成了懒惰和怕苦。

再比如,孩子从山沟沟来到大城市,走过了从名落孙山到名列前茅的艰苦历程。父母盲目地断定孩子有着巨大的潜力,不断地给他加压。中考前,孩子所在学校的教育水平充其量只属于那种相当普通的学校,即便成绩较好的学生要考进重点学校也会有相当的难度。在这种背景下,孩子的学习潜力是有限的,不是可以无穷无尽地挖掘的。平心而论,在社会经济和教育高速发展的今天,父母希望孩子进个好学校、能够上大学,这种期望并非高不可攀,问题是如何实事求是、因人而异地提出这种要求,如何运用科学方法、按教育规律办事才能有效,这中间大有学问。

直到现在,那位父亲、我的朋友还在说:"现在的孩子太脆弱,经不起竞争。"他压根儿没看到自己在家教上的无知。父母不能把准问题的脉搏,又怎能对症下药?如果说教育孩子是父母一生的第二事业,如果说教育孩子也是一门学问的话,那么所有父母都不能忽视对第二专业的学习、研究、掌握和正确运用。

总结知识分子父母对孩子教育成功的案例,概括起来至少有这么一条规律性的东西可供同类型父母参考:**千万别把自身成才的经历强加给孩子!**

道理很简单,遗传和血缘上的联系,并不能宿命地决定人的一生。每个人对生活都有自己的切身感受,科学技术、社会环境、生存方式、学习内容等,都因时代的差别而使每一个人、每一代人的感受不同、成长道路不同,正因为如此,社会才千姿百态、千差万别,才变得丰富多彩。更何况,父母与孩子的个性特点也有一定的差异。这种差异性要求父母必须分辨自己的经验哪些是适合今天需要的,哪些是适合孩子发展的;反之,哪些是不需要的,哪些是不适合的,在对孩子施教时要有所取舍。

现在,不把家教当学问的情况是非常严重的。

我看过一份材料,反映一个有问题的孩子:这个孩子平时说不上学就不上了,说不吃饭就不吃了;睡觉要人帮着关灯,上厕所要人陪着"办事";一旦发起脾气来,父母什么事都干不成。有一次,竟然莫名其妙硬逼着他爸爸将"惩罚"两字写上1500遍!针对这种现象,有专家说,现在许多父母对孩子只知爱,不懂如何爱,他们把大

> 明智的父母很少对孩子说"我们小时候"、"都是为你好"之类的话,尽量避免用自己成功的经验来代替孩子自己的思考,避免给孩子施加压力。这就是做父母的艺术和学问。

部分精力、物力、财力都倾注在孩子身上,但付出的苦心往往得不到甜蜜的回报。不懂家教这门学问,到头来孩子必然成为父母的心病或牺牲品。

我不由得想起一个故事:明朝年间,有户姓庄的人家养了个儿子。这小子

从小就娇生惯养,任性十足,长大后在外为非作歹,最后由于犯罪被判了死刑。临刑前,他向主刑官提出要吃一口母亲的奶,主刑官和他的母亲答应了。谁知这小子将噙着的奶头一口咬下,并扔下一句话:"都是你们害了我!"

中国古代有许多有关家教的经典故事,深刻地揭示了家教这一门古老学问的实质。根据现代教育科学研究,古往今来的家教有其独特的职能,是其他各种教育所无法替代的。

改革开放以来,人们家庭生活条件越来越好,但在孩子身上出现的问题却越来越多,诸如任性、说谎、胆怯、暴力、厌学、网瘾等等,这让许多父母大伤脑筋。面对这些新问题、新情况,有的父母说,现在连自己的儿子都不认识了。孩子出现异常状态,根源在于父母没把家教当学问;连儿子都不认识,根源在于父母忽视对家教的不断学习和研究。

2006年有调查显示,70%的父母教育子女存在误区,也就是说,绝大部分的父母根本就不懂家教,至少没有把家教提高到作为父母"第二专业"的高度来认识。教子的方式方法有三种来源:一是祖传的,即父母怎么教育自己,自己再怎么教育孩子;二是自选的,即随心所欲,自己爱怎么教育就怎么教育;三是借鉴的,即在学习别人家教经验的基础上,总结自己的教训和缺陷,加以改进和提高。第一种情况,要看是继承了优秀的家教传统还是延续了糟粕,结果截然不同;第二种情况,是感性的家教,家教失败司空见惯;第三种情况,是理性的、科学的、与时俱进的家教,真正把家教当做一门学问。可惜,真正把家教当学问的家长还不到30%。

为解决家庭教育的难题,改变父母忽视第二专业的现状,有的地方组织了家长学校,举办了好家长沙龙。这是一种培训父母科学教育子女的机构,一种探讨现代家庭教育观的团体。其共同宗旨是,实施现代、科学、创造性的教育启迪家长的理念,培养优秀的孩子;其共同特点是,采用座谈交流、专家评点、学者授课、亲子活动,以及热线咨询的形式,拓展家长心智,提升孩子在现代社会中生存和发展的能力。这是令人可喜的新局面。

有报道说,一对即将成为父母的年轻人走进了家长学校的大门,坐在孩子们坐过的椅子上静静倾听家庭教育的基础课,他们成了渴望求教的小学生。触景生情，我们发出呼吁：家长们都来重新做一次小学生吧！因为那些即使上过大学的家长，也从来没有学过家庭教育这门课。"快来补课！"我想，这应是所有家长的共同心声。

"现代私塾"应该缓行

一个名为"孟母堂"的现代私塾，在4岁到12岁的10多个孩子身上正实验着一种具有颠覆性的教育形式。"孟母堂"发起人吕丽委联合一些家长，在上海一个居民小区自己的家里办起了全日制"学校"。他们的孩子在家里"读经典、尊孔孟、颂莎翁、演数理"，接受教育。

2006年7月11日《东方早报》有这样的报道：

在"孟母堂"，中文教授《易经》、《弟子规》、《论语》等中国古代经典著作；英文教授莎士比亚的《仲夏夜之梦》、《十四行诗》等经典原著；数学则进行数理读经教育，涉及微积分等高等数学内容；以瑜伽和游泳来代替一般学校的体育课。

几个房间变成几间教室，学生按年级被安排在不同"教室"里。上课前，学生集体诵读《弟子规》，每堂课长达两个小时，没有休息时间。老师统一讲课的时间很少，4/5的时间是学生自学，背诵经典著作是他们的头等功课。

孩子们是住读的，课余也有休息和娱乐，比如收看《三国演义》、《大长今》等被认为"对成长有益"的电视剧。

吕丽委语气坚定地说："以最经济、最节约的方法让每一位同学拥有坚实的人身修养和更丰富的知识。孟母堂毕业的孩子升入初中一定是出类拔萃的。"

对于这样一种"另类"学校教育，上海市教委发言人已经明确把它定性为违法办学。其违反《中华人民共和国义务教育法》的事实是：未获得办学许可证；家长未把适龄子女送到经国家批准的教育机构接受义务教育；读经教育内容和教学方法，与相关规定不符。另外，未经物价部门审核，擅自违规收取

高额费用。我相信人们完全支持市教委对"孟母堂"紧急叫停的处理意见。

换个视角,"孟母堂"又是一种另类家教,对于其教学内容和方法,我们也同样不敢苟同。

(清)康涛《孟母断机教子图》

像新加坡家庭那样尊重儒家伦理,像韩国家庭那样尊崇孔孟礼仪,都体现了儒家文化中的优秀传统在现代家庭教育乃至社会现代化进程中的价值。继承人类文化的优秀遗产是没有国界的。殊不知任何继承都是在批判的基础上实现的,今天新加坡和韩国占主流地位的家教也是如此,全盘继承意味着历史的停滞或倒退。

我们应该相信"孟母堂"是针对当今学校教育的弊端应运而生的,但它陷入了家教中的一个误区,即继承传统就是照搬封建社会家教的模式。

如同给孩子洗完澡后不能把孩子连同脏水一起倒掉一样,我们在指明这一家教误区的时候,也要重视其合理的部分,从而予以深刻的反思。也就是说,立足于现代家教的理念,社会应当立法允许家庭学校的存在,并采取适当的方针政策保证其符合中国社会主义初级阶段的办学要求和方向。

我们知道教育的对象是人,一切教育方法、内容应以人为本,然而不可思议的是,当今的教育在一定程度上异化成了学生的天敌:学历社会的法则已经使学习竞争极为残酷,某些教育活动又人为地造成学生肉体和心灵上的折磨。这种伤害会影响人一生的发展。我们看到了教育异化对人的自由、人的价值和人的尊严的践踏。

这样的校园场景,在许多国家和地区屡见不鲜。工业革命后的学校教育,曾创造了无比辉煌的人类文明,但现代社会的学校教育却成了一个世界性的难题。

有人断言,改变这种局面没有出路,但我们仍然孜孜以求地在探索。

比如,提倡和谐教育也是一条出路。教师要善于挖掘学生身上的闪光点,相信爱能解决一切。过去普遍认为的"教育学生只要出发点好,可以忽视甚至不计方式方法"的观点,现在行不通了。问题是,一种教育理念或一种教育思想的确立,并非一朝一夕就能达到;要把这种理念化为每个学校每个教师的自觉行动,更需长期坚持和长期实践。

开创家庭办学的模式,我们不妨试试。

今天,欧美国家就出现了远离学校教育而让孩子"在家上学"的趋势。越来越多的家长选择在家中教育自己的子女,种种学校教育的弊端似乎可以一扫而光。据美国联邦教育部教育统计中心提供的数据,1985年在家中接受教育的孩子大约是5万名,而到2003年,这一数字达到210万,平均每年以20%的速度增长,美国称之为"在家上学"(Home Schooling),一些欧洲国家称之为"家庭教育"(Home Education)。这是一种以家庭为基础,孩子为受教育者,家长为主要教育者的教育形式。家庭学校不同于学校教育,意味着"以家为本"而非"以校为本"的教育。教材可以从学校及其他教育机构得到,社区资源(如图书馆、博物馆、体育运动中心、画廊、展览馆)以及亲友和邻居的智力资源可以为家庭学校所用,家庭教育比学校教育更能关注学生认知、情感等方面的全面发展,满足学生个性化的学习需要。

有专家认为,家庭教育兴起的根本原因,首先在于学校教育的异化而造成对学生的摧残,其次是正规学校的制度化缺失越来越严重,突出表现在学校教育的社会功能日益强大。美国家庭教育的倡导者多布森在《在家上学解疑》一书中引用了一名16岁少年的话:"学校学习是令人生厌的活动,是一场希望早日到达终点的比赛。它不应该是这样,而应该是生活中一次伟大的旅行。"

家庭教育是一种特殊的形式,在这里孩子们可以免于来自同辈团体的压力,可以和所有年龄段的人进行交往,他们将成年人视作自身世界的一部分;同时家庭生活服从于孩子自身的需要,孩子学习的天性得到培养而不是受到压抑。当然对于家庭教育,政府应当做到确保父母能够认识到自己孩子的特殊需求,确保父母对孩子的身体、道德与智力的良好发展负责。

现在还不是对家庭教育作最后评估,也不是在条件不成熟或不具备的地方要大力推行家庭教育的时候。作为一种探索,我们可以积极地创造条件去研究它、认识它。即使否定,也是有条件地否定,而不要一棍子打死。

这里,更让人担心的是另一种"孟母堂"形式的存在,这就是今天比比皆是的家庭补课学校,一种现代私塾。在教育主管部门三令五申禁止的情况下,教师给学生补课从公开到隐蔽,从学校转移到家庭。据重庆市城市经济调查队对全市中小学生的抽样调查显示:60%以上的学生或多或少地参加了"私塾"式补课,补课地点大多在老师家里或老师临时租借的房子内。这类家庭学校的负面影响十分严重。很多学生表示是父母逼着他们参加补课,无休止的补课加重了学生原来就已经不堪忍受的学业负担,学生身心长期受到压抑,心理障碍或心理问题凸现。

两种不同形式的现代私塾对人的摧残,可谓殊途同归。"孟母堂"给今天的家教敲响了警钟。

家教等于"加"教?

一般来说,学校的职能是教书育人,家庭的职能主要是育人。但今天,学校的职能已经延伸到中国许多家庭中来。父母给孩子额外增加了大量的家庭作业。在家里,辅导书、练习题堆成的"山",天天在长高。家教累死父母,"加"教累死孩子。学生学业负担过重,有学校的责任,也有父母的责任。

 家教与"加"教画上了等号

在应试教育的环境里,辅导班有着巨大的市场需求。各种冠以"强化班"、"提高班"、"兴趣班"的辅导班,在社会上蔓延开来。家庭教育也被各种辅导班取代。据报道,宁夏回族自治区的银川市青少年宫,仅一个假期就推出近50个专业辅导班,有的家长为孩子在五六个辅导班、培训班报了名。不仅孩子没有了快乐的假期生活,连家长也因每天要接送孩子"上学"而无法安心上班。经常可以听到家长的诘问和感叹:"没办法啊,别的孩子都上(辅导班),我们能不上吗?""现在是一考定终身,只能委屈孩子牺牲快乐时间(参加辅导班)。吃得苦中苦,方为人上人啊!"

应该说,家教是社会教育的重要内容,重在树人。家教并不简单地等同于英语、音乐、舞蹈、书法各种教育的相加。按照传统观念,家庭教育是在家庭生活中由长辈(其中首先是父母)对其子女实施的教育。而按照现代观念,家庭教育则是在家庭生活中,家庭成员(包括父母和子女等)之间相互的影响和教育。家庭教育是教育的组成部分之一,是学校教育与社会教育的基础。

家庭教育是终身教育,它开始于孩子出生之日(甚至可上溯到胎儿期)。婴幼儿时期的家庭教育是"人之初"的教育,在人的一生中起着奠基的作用。孩子上了小学、中学后,家庭教育既是学校教育的基础,又是学校教育的补充和延伸。

 家教,要读懂孩子的"心灵之书"

教育孩子这门艺术,并非每个父母与生俱来就明白,必须通过学习方能掌握。

首先是"阅读"孩子,读懂孩子这本"书"。孩子这本"书",是一本在变化的"书",一天一页,一年一章,天天都有新变化,年年都有新发展。从童年到少年,从少年到青年……做父母的也许今天读懂了,但明天未必一定能读懂。因此,称职的父母应该一辈子读孩子这本"书",一辈子学习,才能与孩子共同成长、共同发展。

父母是孩子的长辈,父母与子女存在着监护与被监护的关系。从传统观念上看,父母是教育者,子女是受教育者。但这种关系不是绝对的,不是固定不变的。因为父母与子女在人格上是平等的,谁是教育者,谁是受教育者,是在不断变化着的。有的时候父母是教育者,但有的时候子女是教育者,父母则是受教育者。特别是在高科技迅速发展的今天,我们更应提倡父母向孩子学习,父母不应以当然教育者自居。

学习型家庭是健康的家庭形态和理想的家庭教育模式。创建学习型家庭的关键是父母带头学习,成为家庭学习的主体。父母应确立终身学习的理念,具有自主的学习动机,向书本学习,向社会学习,向大自然学习,向现代科技学习,与孩子共同学习,不断提高家庭生活的文化含量,开拓与孩

中国人教子有问题

子沟通的渠道。可以这么说：**家庭教育是一个教育过程，更是一个学习过程。**

家庭教育的双向性，体现在父母和子女都应设身处地地站在对方的角度来思考问题。家庭中的两代人思想观念不完全一样，生活情趣有所不同，审美眼光很难共同聚焦，这是很正常的现象。我们提倡相互宽容、相互吸纳、相互学习、相互补充、相互沟通，从而共同提高。互补不是谁整合谁、谁服从谁、谁消灭谁，而是共同成长，谁对就向谁学习。吸收对方有益的东西来充实自己，对双方都有好处。因此，家长必须因材施教，既要重视孩子的个性和特长的发展，又要重视各方面素质的协调发展。学校应当积极传播现代家教理论，帮助家长转变家教观念，提高家教水平，协调学校教育、家庭教育和社会教育的关系。

要尽量尊重孩子的爱好，适当选择他们感兴趣的、健康有益的项目，让孩子们享受一个放松身心、缓解压力的成长过程。诚然，孩子是一本书，父母都在一天天、一页页把它往后翻，能否真正读懂它，在于父母是否时刻保持一颗童心，用孩子的眼光看孩子，做到和孩子一起成长。那么，随着孩子的成长，你会发现，在孩子慢慢读懂这个世界的同时，你也慢慢读懂了孩子这本书，走进了孩子的心灵世界。这时，你距离成功的父母也就越来越近了。

道理说到这里，我们应该明白家教不等于"加"教，家教要考虑如何教和教什么的问题。换言之，真要"加"教，究竟"加"什么？这才是家教的重要内容。"加"教，是把不教的东西加上去。

父母应该改变目前只养不教的现状，而变为教养结合。

只养不教的父母表现为：

☆认为父母的责任就是把孩子养大，认为孩子小不懂事，因而不重视从小对孩子的教育。

有些家长已经饱尝了只养不教的苦果,孩子小时候不教育,长大了有许多恶习很难改变。

☆对孩子迁就、溺爱。这种父母认为孩子小,不该给孩子立规矩。孩子的行为不受任何约束,想干什么就干什么,长大了很容易偏离社会的价值规范。

☆只知道给孩子吃高营养、高蛋白、高脂肪的食物,让其长身体,而不重视其德智体全面发展。

☆认为家长管养、学校管教。持这种观点的父母的突出表现是,把教育责任全部推给学校。有的父母甚至对老师说:"我把孩子交给你,是打是骂随便你。"

教养结合还原家教的应有职能:

☆重视盘中餐,使孩子的日常饮食尽量符合营养科学的要求,并保持一定的锻炼和休息时间,以增强孩子的体质。

☆购买和订阅儿童读物、报纸和杂志,保证他们接受丰富的知识和信息。

☆重视孩子的早期教育和定向培养。

☆尽量利用节假日带孩子外出,去欣赏大自然的美和名胜古迹,寓教于乐。

☆主动配合学校教育和社会教育,注意引导孩子接触社会。

☆认真思考和回答孩子提出的问题。

谈到家教职能,必然涉及家教目标。家教目标可以概括为:把孩子培养成有理想、有道德、有文化、有纪律的社会主义事业建设者和接班人;培养孩子具有科学与民主、自立与自强、公平竞争与合作的精神;改变重知识轻实践、重分数轻实际能力的观念,树立学习知识与发展能力并重的观念,重视创新精神与实践能力的培养,重视良好的心理素质和人际关系协调能力的发展。总之,家教不等于只"加"教科学文化知识,家教最大的责任在于把孩子培养成对社会有用的人。

 "加"教要加成功心态养成的内容

一个成功的人首先要有成功的心态。有些家长已经意识到心态对一个人最终成功的重要性。具有同样智力水平和同等机会的人,为什么有的会脱颖而出,戴上成功的花环,有的却只能默默叹息:他曾同我一样的。一样变成不一样,撬动这种转变的杠杆的支点在哪里?我们会发现积极、乐观、进取的心态,犹如运动场上的拉拉队,能将人的热情与能力都提升到最佳状态,帮助一个人充分地实现自己的价值;使孩子具有成功的心态,比之智力的开发和其他能力的培养更为重要,这是他们在人生的路途中取得最终成功的最可靠的保障。

如果我们今天的家教真要"加"教的话,那么应该增加的是孩子的心理调适和训练。**把培养具有成功心态的人作为教育孩子的核心内容,应是您正确的选择。让您的孩子做到:在心理上是健全的;在为人处世上是积极的;在遇到挫折时能保持乐观心态;在碰到机遇时能牢牢把握;对人生意义和幸福有朴实而真挚的认识与追求。**如果孩子走出家门时,能够具备这样的心态,这将是家教的最大成功。

 别做应试教育的帮凶

当素质教育的呼声日益高涨,而且被教育部门当做一件实事来抓时,减轻青少年学业负担的伟大工程开始像模像样地搞起来了。据说,如果一旦发现哪些校长还热衷于给学生课外补课的话,那么上级管理部门就要让他们"下课"。照这样严厉惩治下去,应试教育走到尽头的日子就不远了。

我们应该为所有的孩子和家长拿到了可以随时兑现的减负支票击掌欢呼。

但是且慢!

应试教育就像一个修行千年的魑魅，阴魂始终不散。有个在某市教育部门多年担任领导的老专家，曾经向在重点高中就读的学生询问：学业减负后是不是觉得高兴和轻松些了？压力是否不再大了？那些身为尖子生的孩子众口一词，说得非常干脆："只有白痴才会去相信那些减负的说法！"

青少年学生都明白个中的奥秘。高考这根指挥棒，使得学校与学校、老师与老师、家长与家长、学生与学生，在竞赛中相互提防，暗中较劲。是啊，校长要政绩，家长要孩子的前途，结果减负到头来是越减越重。

且看名义上减负，实际上却变着法子增负的咄咄怪事：

明明是学校变相组织学生集体补课，让学生在寒暑假期间都照常到校上课，却美其名曰"冬令营"或"夏令营"；明明是某些民营办学机构举办以名校退休教师领衔的恶补学习班，却被贴上了素质教育的标签。可怜的孩子们被自己的父母强制送进上述名目繁多的"集中营"。

由于众所周知的原因，中考在人们的眼里比高考的竞争程度更为惨烈，因为考进市重点中学，不啻一只脚踏进了"一本"高校的大门。因此，应试教育的负面效应，在中考前就日益凸显出来。

笔者有位亲戚，其子在某私立民办学校上学。升初三年级的那个暑假，学校就让学生提前一个月参加所谓的强化训练：到学校去做各种模拟考卷和上复习课。尤其荒唐的是，学校早在初二年级就把教学大纲规定的初三年级学习的课程全部提前消化掉了。看上去，校方和教师采用了温故而知新的教学方法，实际上则是被应试教育牵着鼻子乖乖地走！

某些教学机构是应试教育的始作俑者，但他们有强大的同盟军——被孩子们称作帮凶的家长。几乎很少有家长会去和采取恶补手段来修理自己孩子的学校作理论，公开出面要求学校减负。相反，更多的家长在心底里唯恐自己的孩子因减负而学业逊色于其他学校的学生。

有一个很具讽刺意义的事实：尽管教育行政部门力主以素质教育来替代应试教育，但知情者都知道，各级教育行政部门的所有干部，凡是有子女尚在中学或小学读书的，又有几个不把自己的孩子安排到那些特别擅长应试教育的学校去呢？每到小学升初中、初中升高中时，有关重点学校或特色学校的校

长门前,总是说客盈门、条子乱飞,这里绝大多数的人是手中有着一定权力的干部,在为自己或亲朋好友的子女寻找路子。他们归根到底都是家长啊!

只要现行考试制度不变,只要重点学校继续存在,想要在一个晚上用素质教育来替代早已制度化和相对固定的应试教育,只会让美好的减负成为无法兑现的空头支票。为人父母的,在应试教育依旧吃香的氛围中,当然也是反对减负的铁杆分子了。他们心里非常明白,天真地给自己孩子减负,不就等同于金庸武侠小说中的自废武功吗?

最近的《扬子晚报》上,就登载过这方面的相关消息,看了让人心里沉重。一则新闻的标题是"当今社会孩子最累,疲劳患者四成学生",说的是哈尔滨第一医院疲劳门诊的学生占患者总数的40%。另一则新闻登载在《新市民茶座》栏目,说的是邳州市官湖初级中学的一个学生抱怨学校占用寒假补课的做法。这些消息说明,全国各地从大城市到中小城镇,都有应试教育在作祟。莘莘学子寒暑两季的假期,也会因此真的变假而得不到应有的休息!

看来,要真正解决应试教育而大力提倡素质教育,还应从根绝现行教育制度中的种种弊端方面想办法。俗话说,皮之不存,毛将焉附。这些问题解决了,家长们作为应试教育帮凶的角色也必然退出舞台。不过,这些问题的解决还有待时日。即便如此,我们的家长能不能尽早尽快地联合起来,组成统一战线,共同抵制应试教育呢?

二、家庭教育观念问题

如果说中国人的家教有问题，那么我们不能离开许多传统的、已与现实不符的家教观念。有人说：男人带孩子不就成了家庭妇女？因为他们认为男子汉大丈夫不做婆婆妈妈的事。有人说：打骂自己的孩子怎么违法？因为他们把孩子看做父母的私有财产。有人说：孩子有条件穿名牌怎么不可以？因为他们认为提倡艰苦朴素的观念已经过时，等等。这里，我们就一些家教中普遍存在的不正确观念谈点看法。

 "男主外"与父爱缺失

在做儿童心理咨询的过程中，我们发现80%以上的儿童是由母亲或者祖辈陪同来咨询的。父亲出面的很少，当然由父亲单独陪同而来的就更少了。很多父亲即使和孩子的母亲陪同孩子而来，却或在外面等候，或不发表任何意见，或发表意见就是对母亲、孩子的批评和指责。感觉上父亲似乎游离在儿童生活之外，在家庭教育中像一个旁观者。另外，参加家庭教育培训或者讲座的，也同样鲜见男性，往往都是母亲或者祖辈前来。好像凡是涉及儿童或者家庭内部问题，父亲都成了一个边缘角色……

研究发现：在我国，孩子18岁以前，母子之间相处时间显著多于父子之

间,而且年龄越小越如此。难怪有首歌唱道:"世上只有妈妈好,有妈的孩子像块宝……世上只有妈妈好,没妈的孩子像根草。"

  "男主外,女主内"与父亲的家庭教育缺位

父亲较少参与孩子的教育,其实与"男主外,女主内"这样一种传统的家庭模式有关。如果在网上搜寻"家庭模式+男女关系",你会得到一个有趣的答案——"男主外,女主内"。这说明,"男主外,女主内"不单是中国几千年来的传统家庭模式(观念),也是全世界一种普遍的家庭模式(观念)。

在这种家庭模式(观念)下,父亲主要承担家庭的经济、社会地位等外在的责任;养育子女、与家庭成员沟通等家庭内部的职责则主要由母亲担当,所以父亲常常不在家。孩子对父亲的印象更多的是父亲的背影。父亲的这样一种家庭缺位,对家庭教育的影响很大。

其一,父亲与孩子之间会产生疏离感。2006年底,一部由张艺谋导演的影片《千里走单骑》引起了社会强烈的反响,一个很重要的原因就是他用电影的表现手法展现了父亲和儿子之间的情感疏离。父亲不了解儿子,儿子也不理解父亲,两个人虽然有着最近的血缘关系,却似两个陌生人。"男主外,女主内"的家庭模式(观念),使父亲在家庭中很有地位,但离孩子的心却很远。

> 父亲在家庭教育中的缺位,导致男孩缺少与父亲相处的机会与经验,缺乏必要的性别认同榜样;尤其在青春期,男孩子由于其性别关系,更容易将秘密压在心里,而很少像女孩子那样比较容易地表达出来(这与社会性别刻板模式有关,男孩子常常被要求做到"有泪不轻弹")。

其二,对男孩子的成长不利。社会学家彼得·卡尔认为,男孩子80%的时间和母亲在一起,他们长大以后将不知道怎样做男人,会变得无助,越来越像个长不大的孩子。在我们的生活里,缺乏阳刚之气的男童、男人不也比比皆是吗?一个关键的原因,正如《养育儿子》一书的作者唐·埃利姆指出的,在于父亲的不参与和不关心,结果是母亲承担更多的责任来填补父亲的空位(詹姆士·杜布森,2004)。青春期男孩子与母亲的性别距离、与父亲的情感距离,都使他们在遭遇成长烦恼时难以向他人倾诉,更难找到相对成熟的榜样模仿。原本多子女家庭中兄长还可以代替父亲起示范作用,对于独生子而言,显然缺乏同性引导,这时的男孩子会有多么焦虑与孤独啊!

其三,母亲的家庭教育责任过大。在一个家庭中,夫妻关系、母子关系、父子关系是一个铁三角。如果父亲缺位,母亲势必要承担更多的家庭教育责任,要承受更多的养育压力。如果父亲不及时给予支持或参与,母亲难免会因为压力过大而失控,要么影响到夫妻关系,要么造成母子关系紧张。尤其在现在这样一个职业女性的时代,女性既要面对外在的竞争,又要承担养儿育女的责任,压力确实很大。难怪现在的孩子常说母亲很凶,根本不是慈母。如果父亲总是不在家中,母亲就不得不同时扮演严父与慈母的角色。

父亲的角色贡献

美国一项最新研究成果表明,由父亲带大的孩子智商更高,这些孩子在学校能取得更好的成绩,以后在社会上也更容易成功。这主要是因为父亲在教育孩子方面有更强的目的性和计划性;父亲在历史、地理、哲学方面的知识胜于母亲,这对拓展孩子视野有利;父亲教育孩子要独立、果断和勇敢,而母亲总想保护孩子;父亲会鼓励孩子自己动手、动脑,而母亲则比较喜欢帮孩子做他们力所能及的事情。父亲对孩子有着不同于母亲的影响力。

其一,父亲是相对母亲的另一种性别角色,也可以说是另一种社会角色。孩子从父亲身上感受着男性的特征、男性的责任与男性的位置。男的当然不同于女的,从身体上,父亲一般高于母亲,父亲一般比母亲力气大,父亲一般比母亲强壮,所以父亲可以当大马骑,可以陪宝宝疯狂,可以把宝宝扔得高高的再接住。父亲对于孩子来说,简直就是力量、依靠的象征。

其二,父亲给孩子带来另外一种行为方式、认知方式。父亲不像母亲那么啰唆,母亲喜欢用一大堆话讲一件事情,而父亲可能只用一句话或者一个动作。比如下面这个小故事:

中国人教子有问题

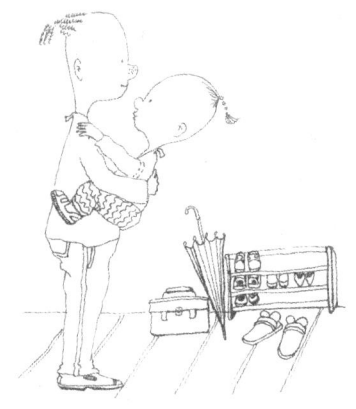

我女儿3岁多的时候,吃饭总是用手抓。家里爷爷奶奶都比较纵容她,我虽然看着不舒服,但也只是动口不动手,可她爸就没这么耐心了。见我们说服不管用,就拿起筷子朝女儿胖嘟嘟的小手敲下去,结果女儿一疼,立刻缩了回去,连哭都不敢。直到爷爷奶奶发威:"干什么呀你,这么小的孩子!"小家伙才开始大哭起来。后来,他爸对我们三个纵容者严肃教育:你们以后别当着孩子的面这样反对我,这会让孩子变得无法无天。后来,我女儿的动手行为真的少了,尤其她爸在家的时候。

有一次,女儿在公园里骑童车,不小心摔倒了,我马上要去扶她。可她爸一把抓住我,对女儿说:"好甜甜(我女儿的名字),快起来,你是个勇敢的小骑士!"结果本来已经在撇嘴想哭的甜甜,竟然真的没哭就爬起来了。虽说觉得孩子爸爸挺心狠,但也不得不佩服他对孩子独立性、规则性的强调。

父母都有自身的局限性,如果家里只有妈妈在影响孩子,这种影响本身就是片面的,孩子在矛盾、冲突面前可能只会以一种方式来面对和解决;而加入了父亲,就多了一重选择,多了一个视角与方向。当然,随着孩子年龄的增长,他在不断地模仿、学习中也会创造出自己独特的、灵活适用的方式来!

其三,父亲为孩子提供了另一个发展的空间。 常听母亲抱怨父亲粗心、不管孩子,而恰恰因为父亲这样,给了孩子自我尝试、自我探索、自我纠正的机会;母亲密切的盯视却会造成孩子过度的依赖与被动。一位母亲说:"很多时候,我都怕他爸带孩子,总觉得不放心。有一天我下班回家,听到屋里叮叮当当地响,以为是他爸在修理东西。可没想到,进去一看,5岁多的儿子竟然拿着小榔头在一块木头上钉钉子,而他爸则在一旁欣赏。这下可把我气坏了,先一把夺下儿子的小榔头,然后训起他爸:'孩子这么小,用这么危险的工具,万一砸到手怎么办?'这时,儿子大哭起来,因为我突然剥夺了他的乐趣。看到儿子那么伤心，我只好将小榔头还给了他。后来，我发现虽然他爸带孩子少，但孩子特别喜欢和他在一起，跑啊、疯啊，做很多我根本想都不敢想的事情。我慢慢意识到，孩子确实比我们想象的要能干、坚强，只是做母亲的心太软！"

其四，父亲起着平衡孩子人格发展的作用。父亲在让孩子学习另一种行事方式的同时，就在塑造着孩子的人格。当孩子把从母亲、父亲、他人身上汲取的东西整合为一体时，孩子就有了独特的人格。

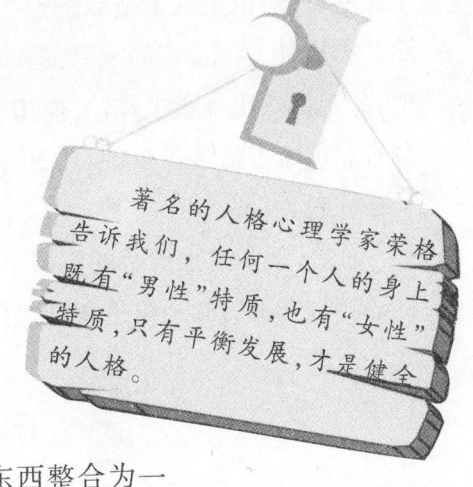

著名的人格心理学家荣格告诉我们，任何一个人的身上既有"男性"特质，也有"女性"特质，只有平衡发展，才是健全的人格。

综上所述，懒、粗、狠正是父亲式教育的好处。父亲懒，但这恰恰激发了孩子的主观能动性，鼓励孩子自己的事情自己做，减少了孩子不必要的依赖；父亲粗，不会时时刻刻盯着孩子，不会在第一时间观察到孩子的需求，然后立刻去满足孩子，但这恰恰给了孩子自我调整的时间与空间，给了孩子主动适应、锻炼自我、尝试错误与自主更正的机会；父亲狠，不会在嘴上大讲道理，而只会用刚性或者说暴力的办法去解决问题，让孩子记住教训，以后自觉遵从规则、懂得规矩。这就不难理解为什么父亲带的孩子更聪明了吧？当然，父亲、母亲特征并非仅仅由性别决定，我们不否认也有非常细致、啰唆的父亲，或者大大咧咧、不拘小节的母亲，但不论是性别因素还是个性因素，他们最终都是以自己的行为方式来影响孩子。

 父亲，请多陪陪孩子

随着社会的发展，"男主外，女主内"的家庭模式（观念）逐渐被"男可主外主内，女可主内主外"的弹性互补模式（观念）替代，甚至出现了"男主内，女主外"的反转模式或观念。据俄罗斯《消息报》报道，"男主内，女主外"的家庭分工模式近年来在瑞典十分流行：丈夫一心在家带孩子、做家务，而妻子忙着在外赚钱养家。瑞典社会对这种新型的家庭分工已经习以为常。在日本大男子

主义盛行,但也出现了全职爸爸。可见,父亲角色正越来越回归到家庭中。当然,"男主外,女主内"的家庭模式有其深厚的社会经济因素,所以在很多家庭中,父亲仍然比母亲工作忙,要担负更多养家的重任。但凡爱着孩子的父亲都会有意识地多陪陪孩子,但凡想着孩子未来的父亲都一定会多抽些时间与孩子在一起。

总之,父亲对于孩子的作用不可低估。如果有可能,请看看电影《帝企鹅日记》吧,书里的父亲角色和母亲角色是再完美不过的了!

 严父慈母有道理

严父慈母,是一句老话。

在古文字中,"父"字,是一只手执一条杖;"母"字,是裸露双乳、席地而坐的女人。(康殷《文字源流浅说》,荣宝斋出版社出版)意为做父亲的常用棍棒训诫子女,表示严厉;做母亲的用乳汁哺育子女,象征慈祥。

随着"蹲下来和孩子说话"、"要尊重孩子"、"和孩子交朋友"等现代家庭教育理念的传播,严父形象在一定程度上几乎成了反面教材——专断、冷酷、威严。今天,还需要严父吗?严父慈母的教育过时了吗?

严父形象大受欢迎

上海"相伴到黎明"这个经典夜间谈话节目,近半年来有了一个新看点,那就是邀请了杭州的万峰先生前来主持周末版。据说,自万峰来了后,收视率一度攀高,万峰也成为上海一个很知名的人物。

但非常有趣的是,"相伴到黎明"原本是一档情感类节目,多是听众或观众打电话倾诉自己的情感困惑,然后由主持人给以分析点拨。以往主持人多以耐心、同情、关怀为主。而万峰恰恰相反:言辞激烈、态度强硬、作风直率、语气锋利,被誉为"愤怒主播",犹如一个主持正义的道德判官。很多打电话的人被他问得声音越来越小,说话越来越结巴。他不给他们面子,更确切地说,他会很果断地批判他们的迷失,甚至愚蠢,然后给他们指出应该怎么做。

如果从崇尚人本的心理咨询专业角度看，我们会认为万峰很外行，他缺乏倾听，缺乏同感，过于主观，过于武断；但从节目实际效果来看，却是收视率大幅攀升，成为一条新闻。

为什么那么凶的人会有那么多人喜欢？

无独有偶，两年前我参加了一次"青年华人领袖夏令营"，营员是来自不同国家、不同地区的优秀华裔青年，当然还有中国的青少年。他们都很有思想、很有个性，彼此有很多不同的爱好与兴趣，在很多的团队活动中不乏冲突与争论。但孩子们都一致喜欢Ben（化名）——严厉的体育教官。Ben话语不多，每天早上会到各个宿舍检查生活操行（很像军训时的检查），他会直接告诉所有的营员哪里做得好，哪里做得不好，还常常带着一根棍子，把看不过去的床铺敲得叮当响。可是营员们不但不生气，还会非常配合地赶紧收拾。每天营员们总是以欢声笑语迎接Ben的到来……

严父之"严"有道理

如果细心比较一下万峰和Ben就会发现，他们其实有着共同的特质，即典型的严父形象和素质——有严格的行为规范，有明确的是非标准。万峰和Ben这样的严父角色之所以受欢迎，其原因在于：

首先，严父的"严"代表了一种结构，一套明确的行为标准。"严"虽然是一种强硬的感受，却能给人指引，告诉孩子该向左走还是向右走。所谓"没有规矩，不成方圆"，严父就是规矩。求助万峰的听众，基本上都是因为困惑而不知如何是好，有的听众甚至就是缺乏必要的行为准则和人生主见，才弄得生活一团糟。而万峰的愤怒与强势，犹如当头棒喝，恰恰给了他们必要的行为框架与规范。至于Ben的严父形象就更为合理，因为在夏令营这样一个集体的环境中，如果没有共同的硬性规定，怎么可能实现开营计划中确定的目的？Ben的严厉与简单，恰恰给了每个营员一套共同遵循的标准。

其次，严父的"严"代表了公正与统一。严父犹如判官，就事论事，不会因人而异，不会根据情绪好坏随意变更。这样的严父当然让孩子敬畏。一方面，严父对错误不迁就、姑息，让人畏；另一方面，严父公正，让人敬。很多人都说，听万峰的节目,有一种痛快淋漓的感觉,因为他是非分明。

最后,特别要强调的是,严要在脸上,绝不严在手上。真正做个严父不容易,不是表现得很凶那么简单。严父对自身必定要严,对孩子一定要爱。现在之所以有反对严父存在的呼声,我想是误会了严父的本质。有人误将打孩子、不讲道理、蛮横霸道等可怕的行为与严父画了等号,而实际上这些恰恰与严父的特质不相干。

红脸父性与白脸母性

严父受欢迎并不是偶然的,因为每个人的成长都需要父性原则和母性原则共同起作用。

所谓父性原则,就是儿童在违背社会准则或家规时,会遭到父亲毫不留情的训斥,甚至遭受一些强制手段,父亲在其中扮演红脸的角色;而母性原则,就是孩子在被父亲训斥后,当母亲的会表示疼爱或袒护,扮演白脸的角色。可见,父性原则重在规则、规范,重在评判与惩罚;而母性原则重在包容与理解,重在保护与原谅。对于每个孩子而言,父性原则和母性原则,或者说严父与慈母都是不可缺少的。

严父传递的是社会准则和必要的规范,是对偏差行为的规劝与惩罚,是帮助个体独立、自律的力量;而慈母传递的是关怀、容忍和包容,是给予个体人际支持的力量。或者可以说,严父教你什么应该做,什么不应该做,什么是对,什么是错;而慈母则教会你如何爱,如何给自己机会改正。两者相辅相成,缺一不可。

只有严父,难免会将家庭教育带入专制的冰窟,孩子会缺少爱的庇护,其自我将很难得到充分的发展,而且过多的惩罚和批判,会让孩子失去信心,变得谨小慎微;而只有慈母,则会将家庭教育带入溺爱的泥沼,孩子缺乏必要的规则与是非感,个性软弱依赖,又以自我为中心。因此,根据严父、慈母的功能,有人也将父性原则称为切断的机能,也就是帮助孩子学会规则,走出自我中心,走出家庭,融入社会的力量;母性原则称为包容的机能,是鼓励个性、允许依赖的力量。下图是不是能使我们的父母清晰地看到两者的区别呢?

严父原则之所以被否定，更重要的原因是其封建意识。封建社会中，男尊女卑，所以在家庭中，严父的力量远远超过了慈母；严父的教育，是套在孩子身上封建礼俗的枷锁。随着时代的发展，女性在社会中、母亲在家庭中的地位也越来越高，严父和慈母显然有可能平衡协调地发挥功能，建构起严父慈母协同型的家庭教育。

——切断的机能

父性原理

母性原理

——包容的机能

 严父慈母协同型家教

严父和慈母依据的是两种不同的原则，可能会给人一种不一致的养育方式。究竟如何看待？

严父慈母协同型的家庭教育，就是希望父亲的严格要求和母亲的慈爱、宽容、细致，能够自觉而理智地配合，形成良好的家庭教育氛围。如果在家庭中，父母能够注意以下几个方面，那么就可能形成严父与慈母的协同配合。

☆ 在教育观念和教育方法上，能够求同存异；

☆ 批评孩子的错误时，父母能相互顾及对方的威信，顾及规则和孩子自尊心之间的平衡关系；

☆ 父母能够共同帮助孩子找出过错的原因

教育家陶行知有过深刻的分析：「父亲往往失之过严，母亲往往失之过宽，父母所用的方法是不一致的，虽然有时可能相辅相成，但流弊未免太大。因为父母所施办法宽严不同，子女竟无所适从，不能了解事理之当然。并且方法过严，易失子女之爱心；过宽则易失子女之敬意，这都是父母主张不一致的弊端。」因此，他主张中国家庭教育应刚柔相济，互为弥补。

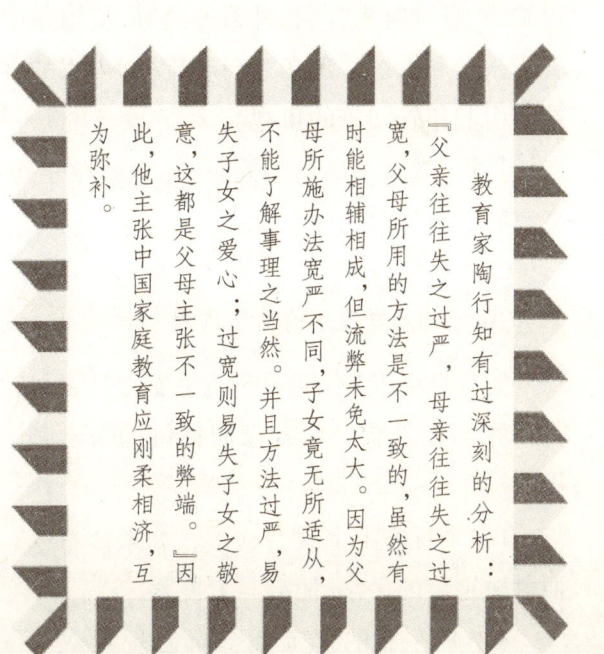

和改正方法；

☆慈母的"慈"不是溺爱，严父的"严"也不是强硬，而是动之以情，晓之以理，当管则管，严宽有度，帮孩子明辨是非善恶；

☆在培育孩子的过程中，父母能发挥各自的强项作用，彼此尊重与信任；

☆在做人方面，父母均能以身作则，成为孩子的榜样；

☆在孩子成长的不同阶段，"严"和"慈"能灵活配合。

当然，严父和慈母并不绝对的就是父亲严、母亲慈，其实现代家庭中，母亲严、父亲慈或者父母双方又严又慈的情况都存在。严父和慈母只是父性原则和母性原则的形象理解罢了。

 好孩子动口又动手

孩子降生以后该如何喂养？中国的父母在认识和实践上都存在问题。

许多父母把喂放在第一位。喂什么？年轻父母都知道要给孩子喂各种进口奶粉、各种鲜果汁、各种营养品等，生怕孩子营养不良。但是养什么？这里主要指教育和训练。现在社会上流行0~3岁的育儿计划，1岁以内孩子的教养问题要引起年轻父母的重视。

其实，教孩子动口的同时，注意教孩子动手，这是完全可以做到的，这将把家庭的科学育儿向前推进一大步。

 0~1岁孩子的动手历程

父母培养0~1岁孩子的动手能力是否可行？我们先来看一看专家们提供的科学依据。

1~2个月的宝宝就会动手，如果你拿东西触碰宝宝的手掌，他会马上握紧。

3个月左右的宝宝就会自己玩弄双手

了。

4个月,宝宝就能抓起拨浪鼓玩了,虽然动作还有些笨拙。

5个月,宝宝就能用整个手掌抓起小糖丸。

6个月,宝宝已能做到眼手协调,可以用两只手握住小方木块,而且还会将木块从一只手调换到另一只手,展示左右配合的技术了。

7个月,宝宝学会了用拇指和其他手指去拿东西,而且能巧妙地去抓,比如:面对摇铃,他(她)不再满把去拿,而只是去抓住摇铃的柄!

8个月,宝宝能将手和玩具一并给人,朦朦胧胧地知道了给,虽然还不能将手与东西分开。

9个月,宝宝开始用手玩弄玩具,比如:主动拿起摇铃摇晃,或者左右手各抓一个东西相互敲击。

10个月,宝宝开始试图用手指去取瓶里的东西,喜欢从容器(比如杯子、碗等)里拿出东西。

11~12个月,宝宝明白了给的意义,开始把手里的东西给他人了,而且能盖简易的房子了——用积木垒高,不过一般只能叠2~3块。

可见,0~1岁孩子动手能力的培养,父母千万不要忽视。

 手巧必然心灵

那么0~1岁孩子动手能力的培养,意义何在?

人们常说心灵手巧,一点也不假。动手能力强的孩子,往往特别聪明。

如果摊开人的大脑结构图,我们就可以看到指挥手的区域比其他任何区域都大得多,其中大拇指所占的区域最大。科学已经证明,身体的不同部位在大脑皮层上有其代表区域,范围大小与这些部位运动之精细复杂程度成正比。追忆远古时代,人类与动物分家,是从古猿学会用双手制造和使用工具开始的。人类就是靠这双勤劳的手,向智人化迈开了第一步。所以,要想促进脑的发展,最直接的办法就是锻炼双手。

人类的手在智慧的指引下改变了环境,进而完成了对整个世界的改造。许多时候,年纪很小的孩子在适宜的环境中练就的本领和谨小慎微的能力,

的确会让我们惊叹不已。

 动手能力真正从小培养

随着独生子女家庭的普及,越来越多原本该由孩子做的事情,被大人替代做了;原本孩子想做的事情,被大人全包了。如果你想让自己的孩子尽可能早自立,如果你不想让宝宝日后遭遇各种尴尬,那么就给予宝宝动手的机会吧。

首先,为宝宝创造摆弄物体的条件。根据宝宝动作的发展情况,给宝宝适当的动手刺激物,比如从可以抓握的摇铃、拨浪鼓、彩色纸,到可以让宝宝玩的积木等等。特别是对于6个月以后的宝宝,这个时候,宝宝手的动作有了方向性和目的性,他们非常乐于摆弄一切到手的东西,甚至会对某一样东西特别喜好而摆弄老半天。这时请让宝宝自由摆弄,不要忙着给他更换手里的东西。要知道,这样专心地摆弄是宝宝感知物体的大小、形状、软硬、轻重、光滑程度等各种属性必不可少的过程。

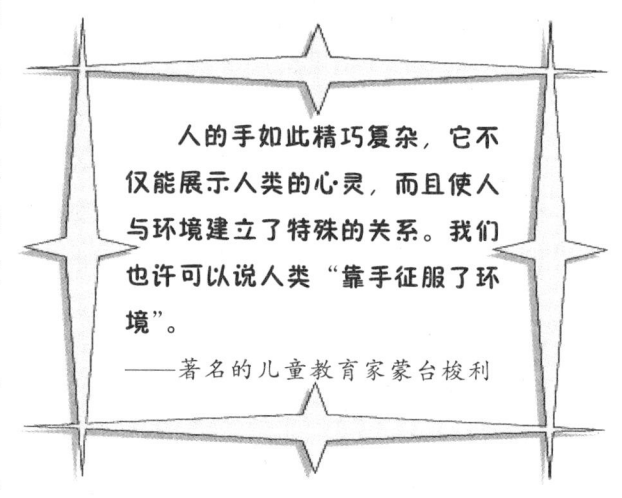

人的手如此精巧复杂,它不仅能展示人类的心灵,而且使人与环境建立了特殊的关系。我们也许可以说人类"靠手征服了环境"。

——著名的儿童教育家蒙台梭利

其次,让宝宝有很多机会观察大人用手。1岁以前,是宝宝越来越愿意模仿,也是最善于模仿的时期。大人可以因势利导,用动作教他拧下盖子、用线穿过小圆圈、推玩具车或泼水等,经过模仿、理解、实践,使宝宝的双手越来越灵巧。

再有,让宝宝用手语表达内心。一听手语,很多人可能就会联想到聋哑人,但实际上手语是我们每个人都会的语言,而且从很早就会了。对于宝宝来说,真正有意义的口语要到1岁以后才出现,那么之前宝宝怎样与父母、与他人交流呢?表情、动作就是宝宝的秘密武器,其中用手达意的内容可是非常丰富的。你会发现,4个月大的宝宝见到妈妈时就会情不自禁地做出拍手或者要抱的样子;8个月的宝宝就会用握拳或者松拳表示要吃或者不吃了;再以后,会用手指东指西,不是要这要那,就是问这问那。手语配合着表情和其他的动作,让宝宝与他人、与世界紧密地发生联系。

在日常生活中,我们常常会发现很多口语要说半天的事情,手语一下子就解决了。比如:"图书馆怎么走?""向东100米。"(口语)如果人家辨不清东西南北可怎么办呢?用手简单一指,人家就知道方向了。

对于0~1岁的宝宝来说,在口语极其受限的情况下,父母应积极地发展宝宝的手语,这样做最起码有三大好处:一是手语便于宝宝学习与表达,而且很多是自发产生的;二是手语必定要动手,所以对脑的发展当然有好处;三是手语给了宝宝表达的途径,也是大人理解宝宝的方式。这样一来,宝宝的需要就会更容易得到满足,而减少了因不被理解而乱发脾气的事情发生。

可见,手语不仅有利于我们与宝宝的交流,而且对宝宝的大脑、情绪发展都有着积极的作用。父母没有必要强求1岁内的宝宝非要跟着你发音,要尊重宝宝这时候用手语表达的需要;而且父母要善于总结宝宝的手语并及时给以反馈。当然,你可以口语、手语并用,让宝宝进行口语的潜伏学习,就像我们教宝宝再见那样,边说边挥挥手,这样的手语会帮助宝宝更好、更早地理解口语。而且在实践中,人们也发现:当学会手语的宝宝开始学说第一句话时,家长手语用得越多,宝宝回答时用的语言也越多、越丰富。也就是说,手语会使宝宝更善于用语言表达。

 ## 左撇子是瑕疵吗?

不少家长对孩子有一种完美情结,只要孩子在成长时出现一点瑕疵,就千方百计想去纠正。在幼儿园里,常常会有少数幼儿习惯用左手绘画、写字,用左手持勺吃饭。这些孩子的父母视此为瑕疵,要纠正孩子的这种瑕疵。

到底左撇子是不是孩子的瑕疵,该不该纠正呢?

美国的一些儿童心理治疗专家、儿童行为学家和儿童教育专家,最近通过一项专题研究惊讶地发现,在左撇子儿童中,出现心理失衡者所占的比例竟然比一般同龄孩子高出约26个百分点之多!而显示心理失衡的症状可能五

花八门,其中包括:程度不一的自卑、自惭,较为强烈的孤独感或失落感,不合群,轻度抑郁,而且这些消极心理又容易引起尿床、失眠、食欲不佳、经常头疼、记忆力差等异常表现,导致智力发展迟缓、学习能力低下,与此同时还可能明显影响身体的正常生长和发育。

左撇子儿童的心理失衡,很大程度上是由孩子所处的异常的环境,或周围的气氛诱发的。如果父母常常以百思不得其解的口吻逢人便说:"这孩子好怪啊,竟喜欢用左手写字";如果教师当众对左撇子孩子的行为表示出过分的好奇,甚至奚落、嘲笑左撇子孩子动作不协调、不灵巧;如果左撇子孩子常常遭到小伙伴们的冷落(如不让他们一起参加游戏或运动),时间一长,孩子便极有可能在心理上产生自己是怪物的阴影,把自己归为不受欢迎的另类,这样发展下去,他们就会陷入自卑、自惭等心理困境,最终难以自拔。

曾经有家长带着患失语症的孩子前去医院求助。原来孩子一直很健康,一次家长偶然发现孩子是左撇子,认为这是不好的习惯,要孩子改正。然而孩子仍然忍不住用左手拿筷子,家长索性用绳子把孩子的左手绑起来,一个星期后就发现孩子患了失语症。

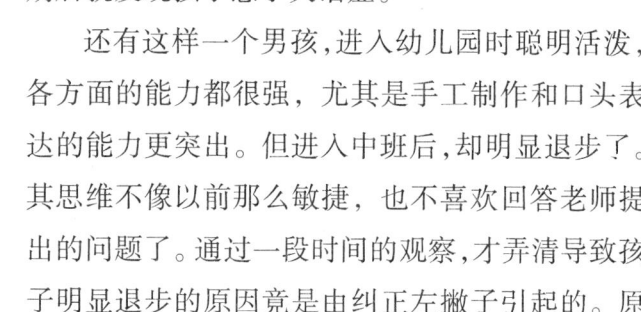

还有这样一个男孩,进入幼儿园时聪明活泼,各方面的能力都很强,尤其是手工制作和口头表达的能力更突出。但进入中班后,却明显退步了。其思维不像以前那么敏捷,也不喜欢回答老师提出的问题了。通过一段时间的观察,才弄清导致孩子明显退步的原因竟是由纠正左撇子引起的。原来升入中班后,在吃饭时父母都要检查孩子是否用左手持勺,如用了,就要孩子立即纠正过来。经过这样半学期的纠正,孩子不但没有改掉用左手的习惯(他在幼儿园里仍使用左手),反而影响了智力的发展。后来家长不再坚持纠正了,让孩子自然发展,才走出这一教育的误区。

据调查,全球人口中有10%左右的人是左撇子,也就是说每10个人中就有1个人习惯于用左手做事。在我国,有27%的人是左撇子;在美国,有40%多的人是左撇子。

一项统计还证实,在100年前的同类调查中,左撇子的比例为7%,这意味着左撇子的比例在增加。

对待左撇子孩子最好的办法就是顺其自然,一般不宜去强行纠正。据资料介绍,国外学者经过长期观察,发现孩子本来以右脑直接支配左手可以顺利完成的复杂动作,改换成右手以后就成了一个很麻烦的过程,而且在语言、书写的过程中容易出现信号阻塞现象。

以下是一位妈妈对左撇子孩子进行教育的故事——

我儿子的奶奶是左撇子,姑姑是左撇子,我怀孕的时候,还曾和儿子他爸开玩笑:"咱的孩子可别是左撇子。"没想到,儿子快过3岁生日的一天,我突然发现儿子无论是吃东西还是拿玩具都习惯用左手,而且左手特别有劲。有时我故意把好吃的放到他的右手,他却总是倒到左手再放进嘴里。这在我们家引起不小的震动,反应最强烈的就是儿子的奶奶。老人家深知左撇子的不便:吃饭时筷子和别人"打架",拿东西和别人"碰车",吃尽苦头的她不想让自己的孙子重蹈覆辙,所以下决心趁孩子还小及时改正过来。

接下来,奶奶便如临大敌一般,无时无刻不盯着孙子的动作,看他用左手拿玩具,便马上夺过来塞进他的右手里。吃东西的时候,儿子用左手拿勺刚要往嘴里送,奶奶突然制止,强迫儿子纠正。起初儿子还觉得挺好玩,以为奶奶和自己做游戏,咯咯地笑。可是每天都这样,他开始嘟着嘴,一副不高兴的样子。

从此,我们家对于儿子左撇子是否要纠正分为两派:我和公公主张顺其自然,儿子的爸爸和奶奶主张纠正。为了避免矛盾,婆婆从不当着我的面纠正儿子,可是我毕竟不能整天陪着儿子。大约在3岁半,儿子刚刚可以表达自己意愿时,竟出现了口吃现象。

我把这事儿告诉了婆婆。老太太发现苗头不对,从此不再纠正了,可是儿子的口吃一天比一天严重。我和婆婆只好带儿子到医院就诊。儿科专家认为,强行给孩子纠正左撇子是造成其口吃的主要原因。

以上那位妈妈的故事告诉我们，面对孩子天生的左撇子，父母应该树立正确的观念，采用合理的教育方式。

☆*左撇子是一种习惯*。一旦发现孩子是左撇子时，不必大惊小怪。

☆*不要赶鸭子上架*。左撇子的大脑结构与一般人有所不同，因而强迫他们改用右手，可能使他们陷入更深的心理困顿。要知道，强迫孩子改用右手的成功率仅为5%。

☆*多称赞孩子"干得真棒"*。比如，当孩子用左手投出一个好球时，你应该及时评论说："看，左手能和右手一样打出好球！"

☆*用左手不是做不好的理由*。有的父母一旦发现自己的孩子字写不好，或手不够灵巧时，便将其归罪于孩子的左撇子习惯。长此以往，孩子就习惯于把失败与自己的左撇子联系在一起。

☆*扩大孩子的交往面*。不少左撇子孩子在游戏时遭到冷落甚至排斥，可能渐渐淡出社交圈，孤独感、失落感等负面情绪可能愈演愈烈。鉴于此，不妨有意识地指导孩子运用某些交际技巧，引导孩子主动扩大其社交面。

☆*告诉孩子自己的优势*。左撇子并非低人一等，正因为左撇子在运动方式和思维方式上与一般人相比有独特之处，他们在竞争中反而可能具有某些特别的优势。实际上，左撇子的球星、科学家、政治家比比皆是。

☆*加强适当的保护*。客观地讲，左撇子孩子发生意外事故（包括跌跤、被尖锐硬物割伤、运动中受伤等）的可能性确实要比一般孩子大（据悉可能会大至少1倍）。这首先是因为，孩子的脑结构决定了其身体协调和平衡能力稍逊于正常孩子。比如，左撇子一听到声响（不管来自左方还是右方）便往往把头转向左侧，他们走路、骑车、溜冰时较易摔倒。其次，我们生活的环境中的各种用品都是按照"右撇子"的使用方便设计的，左撇子学骑车时应戴上安全头盔，参加游戏时应脚穿防滑鞋，但这并不是说不允许孩子参加正常活动。要知道，孩子正是通过参加实践活动来获得保护自己的安全知识，提高注意安全的积极意识，并由此来形成一种积极、健康的心理状态的呀！

总之，左撇子不是瑕疵，父母不要去纠正他们已经养成的习惯，一切顺其自然吧！

三、不同类型家教问题

家家都有自己不同的教育方式,有宽有严,有松有紧。做个不恰当的比喻,好比遛狗的绳子,长了,狗到处乱窜;短了,狗在脚边乱跳。家教的模式或方式,因父母的性格、教育背景甚至职业的差异而不同。当干部的父母有的把"官"当到家里,那是专制型的家教;父母跟孩子没大没小,一般见识,那是溺爱型的家教;父母有权威又善于做孩子的朋友,那是民主型的家教,等等。不同类型的家教,造就不同行为习惯甚至性格的孩子。

"变形金刚"乱弹琴

一个7岁的小男孩叫巍巍,胖乎乎的,很可爱。从小喜欢听妈妈弹琴,每次一哭闹,妈妈一弹琴就好了。而且非常喜欢用小手指在钢琴上拨弄,很有节奏感。于是在4岁那年,妈妈开始教他学琴了。到现在三年过去了,巍巍不仅没有对弹琴增加兴趣,反而不断地出现"虐待"钢琴的事件:老师教钢琴时,不是东张西望、东倒西歪,就是随心所欲地乱弹琴,甚至还会将唾沫吐在钢琴上。

像巍巍这样从爱琴到恨琴的孩子并不少见。记得有一次与大学生座谈,他们中间有钢琴、小提琴的考级高手,我问他们现在还练琴吗,他们几乎都摇头说不练了;甚至有人说看到钢琴就会做噩梦。

 父母高压下的专制教育

巍巍的妈妈毕业于音乐学院,因为受家庭条件的限制,在音乐上的天分并没有得到发挥,对钢琴的迷恋只能成为业余爱好。虽然自己做着与音乐有关的工作——音乐编辑,但与成为音乐家的梦想差得太远。自从发现巍巍对钢琴敏感之后,妈妈为了不给巍巍留下遗憾,为他创造良好的早期教育环境。

原本妈妈只是希望给巍巍一点音乐熏陶,可一旦学开了,妈妈却变得非常严厉。在巍巍的记忆中,妈妈总是会因他练琴而发火。从他开始学琴,温柔的妈妈好像就不见了,记忆中只有责骂甚至痛打。"妈妈可凶了,我弹不好琴,她就会骂我,而且声音越来越大!我怕死了,手发抖,结果更弹不好。妈妈规定我弹10遍必须弹好,却发现很难做到。我害怕弹,她就发火,骂我笨;而且手里还拿着一把剪刀,说再弹不好就剪我的手指!有时她乱砸东西,甚至把钢琴的键都砸坏了!"一年后,妈妈请了一个老师继续教巍巍。结果,只要妈妈不在,巍巍就开始折腾老师,虐待钢琴。

现在,大家可能都明白巍巍为什么会乱弹琴了吧?是的,巍巍因高压教育而产生了逆反心理。他将对母亲的不满发泄在钢琴上,发泄在钢琴老师身上。可以说,这是一种典型的移情现象,即将对某人、某物的情绪转嫁到另一人、另一物上。妈妈虽然凶,但毕竟在其他方面都很好,所以巍巍只好找钢琴宣泄了。老师不会打他,也不会用剪刀等恐吓,巍巍终于可以将积攒的怨气、委屈发泄出来了。很明显,巍巍对钢琴的态度,并非其天生对音乐的拒绝,而是希望给他良好音乐熏陶的妈妈造成的。妈妈的不当教育,让巍巍迁怒于钢琴,迁怒于音乐。

 高期望与父母的补偿心理

如果问这位母亲为什么要对儿子这么凶,她一定会说:"我还不是为了他好?"实施高压教育的父母大多数会觉得非常委屈。如果仔细看看妈妈对巍巍倾注的心血,我们就可以发现高压教育背后的高期望了。

首先，妈妈看到巍巍有天赋却不能很好地展现出来，觉得巍巍有潜力可挖，所以她不知不觉去高压。高压是因为出于高期望，出于对孩子能力的信任。同时，妈妈小时候当钢琴家的梦想又活跃起来，她不知不觉地将巍巍看做童年的自己，因为儿子的成败就是自己的成败。沉浸在这样一种焦虑中，作为母亲，能不采取高压手段吗？

> 高压教育除了反映了父母对孩子的高期望外，还反映了父母自己的补偿心理，而后一种往往占主导地位。或者说，父母之所以对孩子有高期望，不纯粹是因为看到孩子的潜力，也是（甚至更多的是）为了满足自己再活一次的心愿。

虽然孩子有着父母的基因，可孩子毕竟是另一个生命，绝对不是父母自身的替代品。

所以，高压教育往往会带来亲子之间的冲突，这个冲突并不简单，而是父母与孩子操纵与反操纵的较量。

高压：反弹与变形的结果

只要想想你用力去压一个弹簧就知道结果了：弹簧要么反弹，要么变形。巍巍在妈妈的高压教育中乱弹琴，先是因为害怕，后来是出于泄愤。前者可以看做是变形，一种因力量不够而无奈的选择；后者可以看做是反弹，一种出于逆反而主动的回击。而且变形与反弹之间是相互联系着的，今天的变形很可能成为明天反弹的前奏。变形的极致就是顺从，顺从会使孩子变得没有主见，没有自我。

小宋20岁了，某大学二年级学生。平时同学让她帮一下忙（如提开水、擦黑板、占座位等），她都无条件地顺从。即使她很忙，想说"不行"，却总开不了口，这使她很不开心。小宋说，她现在给别人的印象是一个老好人，从来都没有脾气。实际上，她知道自己的本性并非如此。她有自己的兴趣、爱好，有自己的是非评判标准，更有自己的好恶，可不知为什么，那个内在的、有个性的自己在现实中却无法表现

出来。后来小宋回忆自己的成长过程后发现,根本原因是父母平时对她的高压管制,她从小就很少有机会说"不"。

高压教育后的反弹会让一个人从问题重重到自暴自弃,再到自我毁灭或者毁灭他人。那些整天掌控或管制孩子的父母,想想这些可怕的后果吧!

树大自然直吗?

小学二年级的小玮,乌黑的头发,乌黑的眼睛,智商很高,学习却十分吃力。爸爸妈妈说:"他一点也不想学习!"其实,小玮何止学习上如此,做其他事情也是这样,一副无所谓的样子。如果你问他:"这次考试谁第一?"他会说:"不知道!"如果你说他:"怎么比人家差了那么多?"他回答:"那又怎么了?"如果你问他:"班上谁画画最好?"他也同样会说:"不知道!"如果你说他:"人家画完了,你怎么还没有开始画?"他同样会说:"那又怎么了?"简直把爸爸妈妈气死了。

 顺其自然的家庭教育

小玮是家族中唯一的男孩子,家里人都很宠爱他。在成长中,父母从不对他提过多的要求,经常说:"爸爸妈妈不希望你怎么样,只要你一生平平安安、顺顺利利就行了!"在幼儿园时,如果老师告诉父母:"你们家小玮上课不太听讲,动作挺慢的!"爸爸妈妈总会说:"可能还小吧,等他大了就会好的,请老师多多原谅!俗话说,树大自然直。"在爸爸妈妈的眼里,孩子长大了,这些问题自然就不会有了。

其实小玮在班里年龄并不算小。在外面,小朋友一起玩时,小玮跑不动就停下来,爸爸妈妈从来不强求:"算了,回家吧,跑一身汗也没有什么意思!"在家里,小玮将玩具弄了一地不收拾,爸爸妈妈也只是想:"大了就好了!"如果有什么需要动脑筋的玩具,小玮一时不会玩,爸爸妈妈就马上指点。就这样,小玮在爸爸妈妈一次次的谅解与宽容中,不断降低自我要求。如今,他几乎对自己没有什么要求了。小玮的爸爸妈妈直到今天才发现孩子顺其自然成长的严重性。

 顺其自然 ≠ 没要求

顺其自然要建立在对孩子能力、性格等充分了解的基础上,而且不排斥给予适当的刺激与压力。这就如一粒种子,必须被压在土壤下才可能发芽。不经历坎坷,又怎能坚强?

小玮父母的做法,恰恰违背了顺其自然的本质,成了没要求、没压力的教育。在前面的故事中,我们看到高压教育造成的不良后果,但无压或者过低压力的教育也一定是不合适的。试想,如果让种子暴露在地面上,没有任何压力,它能生长吗?这样的顺其自然实际上是对小玮能力的一种暗示:"你不行",或者至少是"你现在还不行"。结果在父母原谅小玮的同时,他也学会了一次次地原谅自己,不再努力,不再坚持。

其实,小孩子的自我评价在很大程度上决定了其行为的方式。如果一个孩子认为自己在某些事情上不行,那么他们就会倾向于逃避做这些事情;而这样的自我评价则来源于成人对他们的态度及方式。小玮父母的宽容正好给了小玮自我原谅的基础。要求和压力在一定程度上就是孩子成长的目标与方向,没有要求和压力,孩子也就等于失去了目标和方向。

 跳远与梦想

我们常常碰到学习动力不足的小孩子。这些孩子其实很聪明,但不愿意花费力气,其中一个原因就是不懂"种瓜得瓜,种豆得豆"的道理。一次,我和9岁的小明玩跳远的游戏,先问他能跳多远,他说不知道。我让他给自己画一条线,他就画了一条很近的线,轻松地跳过了(学习动力不足的孩子一般自我要求都偏低,他们更愿意选择难度小的任务);之后,我给他画了一条较远的线,鼓励他试着跳过去,结果他照样没有多费劲就跳过了;接着,我又画了一条更远的线,让他再做尝试,他一使劲仍然跳过去了。于是,我告诉他:"看!你可以跳得比你想象的远得多!"他笑了起来。

这就是梦想的力量。如果一个孩子没有梦想,那么他对什么东西都不知

美国哈佛大学的心理学家曾经对一群年轻人进行过长时间的追踪调查：这些人的年龄、智力和家庭背景极其相近，明显不同的是他们的生活梦想。在他们中间，27%的人没有生活梦想，60%的人只有模糊不清的生活梦想，10%的人有清晰的生活梦想，3%的人有非常明确、坚定不移的生活梦想。25年以后，心理学家对这些人进行再调查。结果表明，没有生活梦想的人，大多生活在社会的最底层；只有模糊不清生活梦想的人，大多生活在社会的中下层；有清晰生活梦想的人，大多生活在社会的中上层，是各行各业的专业人才，如公务员、医生、教师等；有非常明确、坚定不移的生活梦想的人，则大多成为各行各业的顶尖人物。

道怎么做；如果一个孩子梦想很小，那么他只能发挥很小的动力，取得很小的成绩；而如果一个孩子有着远大的梦想，那么他内在的潜能也将被更多地激发，表现出来的就是勤奋进取。

生活梦想是成长航线的向导。没有生活梦想，将失去方向与潜在的动力。这就是为什么现在很多孩子会觉得"生活很没有意思"、"不知道活着为了什么"、"总觉得什么都没劲"的原因。对于孩子的发展而言，近期梦想与远期梦想缺一不可。前者是海上的一个个灯塔，后者则是最终的彼岸。远期梦想是近期梦想的依据，而近期梦想则是远期梦想的一个个组成部分。比如：成为医生是孩子的理想——远期梦想；为此完成小学、中学学业到进入医学院学习，就是一个个近期梦想。很多儿童常常是有远期梦想，但缺乏近期梦想；有远大的理想，但不会根据理想设定阶段性的近期梦想，永远无法达到理想的彼岸。下面提供一些习题，帮助父母鼓励自己的孩子不断去设定前进的目标：

1. 定远期梦想：一年、五年或是一生的。

一年（五年）后，我想成为……

长大后，我想做……

2. 定现在的我。现在的我是什么样的呢？

学习中的我：_____

生活中的我：_____

其他方面的我：_____

3. 找出现在的我与梦想中的我（理想的我）的差距。

现在的我：_____

梦想中的我：_____

二者的差距：_____

4. 想想可以做些什么使差距缩短。比如锻炼身体、勤学苦练等等。

我可以这样做：_____

5. 将可以做的行为具体化，比如怎样锻炼身体、怎样勤学苦练。

6. 将众多的具体行为排序，形成一个个近期梦想，比如：每天跑步半个小时；1个月内要能轻松自如地跑完800米；1分钟内做40个仰卧起坐；3个月内不得病……

(1)_____

(2)_____

(3)_____

7. 不断监控近期梦想的完成情况，并与远期梦想相比较，及时调整近期梦想。

 溺爱与爱心缺乏症

谷天乐，今年7岁，小学一年级，从小享受非常特殊的待遇：饭桌上最好吃的一盘菜总是离他最近；洗碗、擦桌、扫地全是父母的事，不会有任何家务缠身；上学、下学的路上，书包由奶奶背；回家做作业要有妈妈陪着。全家人几乎把所有的爱都给了天乐，可天乐却对家里人特别冷酷。比如：平时乘公交车，

 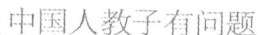

如果只有一个座位,肯定就是天乐坐,奶奶背着书包站在一旁。

 爱心缺乏的典型症状

像天乐这样的孩子,我们可以称其患有爱心缺乏症。其典型症状为:

☆ 与人打招呼,哪怕是自己的父母,总是"喂"、"喂"、"喂"地叫;不管什么场合,别人和他打招呼,从不回应;

☆ 在任何时候都强调自我;

☆ 对别人的困难漠不关心,比如班级里有同学学习反应慢,他会轻蔑地说人家"弱智"、"傻瓜";

☆ 对集体活动没有热情,比如全校广播操比赛,他认为自己班级得奖不得奖没什么关系。

其实,爱心缺乏症并非只发生在小孩子身上,随着生活节奏的加快,社会竞争的加剧,城市里的人际关系变得越来越淡漠,爱心缺乏症正在蔓延——

地铁里:甲不慎踩到了乙,于是乙开口大骂:"没长眼睛啊!"甲也火了:"谁让你的脚往我的脚下放!"

家庭中:除了学习功课和技能,其他什么东西也不用学。

幼儿园里:有的孩子动不动就去欺负别的小朋友。他们学着奥特曼的样子东打一下,西推一把。如果人家不理睬,他还会恶狠狠地去咬人家……

天乐的奶奶可让老师开眼了。一大早奶奶领着天乐进了班级,然后就听奶奶问:"天乐,昨天谁打你了?"天乐指了指一个正在玩的小朋友,奶奶二话没说,上去就把那个小朋友拉过来,命令天乐:"现在你打他,奶奶在这儿看着!"

诸如此类的例子在我们的生活中不胜枚举。地铁上的争吵、家中的冷漠、幼儿园里的攻击性,无一不是典型的爱心缺乏症。那么,这到底是什么原因引起的呢?

 同感缺失和自我中心

产生爱心缺乏症的根本原因就是同感的缺失。所谓同感,就是站在他人的角度去理解他人，犹如一首歌里所唱的"悲伤着你的悲伤，幸福着你的幸福"。而如果缺乏同感，在人际交往中的彼此就很难相互理解、相互接纳，甚至会彼此误会、彼此伤害。

心理学研究发现：同感是人与生俱来的一种能力，有了这种能力，初生的婴儿就能很好地感知周围世界。如果母亲焦虑不安，孩子也会显得烦躁；如果母亲恬静安详，孩子也会自在愉快。而且，如果你仔细观察的话，就能发现，七八个月的孩子就能对别人的痛苦做出很明显的苦恼或哭泣的反应，这难道不是同感的表现吗？所以，不是孩子没有同感的能力，而是在成长的过程中，因为各种原因被抑制了。

其实，缺乏同感的关键在于个体的自我中心，总是站在自己的角度去理解他人、理解世界。在每个人的成长过程中，都会经历一个自我中心期，大约在1岁半到3岁之间，即发展心理学中常说的第一反抗期。处在这个时期的孩子因为自我意识的发展，开始对自己有了很强的认识，他们将世界放在我的框架里来理解。而随着年龄的增长，尤其是社会经验的增加，孩子会逐渐走出自我中心，建立对他人、对社会的客观认识。但如果缺乏适当的引导，自我中心将伴随他的一生，形成自我中心人格。虽然年龄增长了，但社会认知水平却没有提升，始终将"我"放在第一位，难以站在他人的角度去思考，去体验，难以对他人产生同感。

自我中心是同感缺乏的直接原因。为什么我们或者孩子会停留在自我中心阶段呢？

☆*被过度顺从与放纵*。所谓顺从，就是他人尤其是家长对孩子总是有求必应，或者有求尽可能去应，使得孩子（包括曾经是孩子的我们）成为中心，而且将孩子留在了中心。关于这一点，我不用多说，溺爱就是最有代表性的顺从。而放纵则是对孩子自我中心行为的漠视或默许，比如当孩子将所有好吃的东西都摆在自己的面前时，大人只是笑着看他吃；当孩子告诉父母"不是我的错，是××先打我的"时候，父母总是信以为真……

☆*被不当鼓励与支持*。在我们或孩子表现自我中心时，不但没有得到指正，反而被鼓励与支持，比如，大人会这样自豪地讲自己的孩子多么能干——"别看他比其他小朋友小,可厉害得很。有一次他竟然把一个小哥哥打哭了!"还比如,大人会这样夸自己的孩子:"我家孩子很有头脑的,不关自己的事情绝不多管!"对自我中心的鼓励与支持,其实正是对同感的否定与排斥。

☆*被不当示范与教导*。成人是孩子的榜样,如果成人都无法同感,又怎么可能奢望孩子习得同感呢?比如前面所提到的,在地铁里,在家中,成人无数次表现出以自我为中心,身边的孩子自然会在潜移默化中变得冷漠而无法同感。天乐对待妈妈、奶奶和同学的那种态度,绝不是一朝一夕形成的。

培养同感,激活爱心

同感虽然是我们与生俱来的本性,但如果不珍惜,也会像其他能力一样用进废退。做父母的,要懂得从小培养孩子的同感,让他们成为会爱的孩子。

☆*经常与孩子同感,让孩子意识到他人的价值*。大人需要常常站在孩子的角度去认识、理解孩子,让孩子知道你在与他同感。你可以这样对孩子说:"妈妈猜你很想……""爸爸知道,你一定很喜欢这个玩具吧?"大人要自重,不要对孩子过度无偿服务,在家庭生活中,尤其在饭桌上,全家人要平等,要用实际行动让孩子明白"并不是只有你爱吃好吃的",努力培养孩子的感激之心。还要说明的是,同感是一种理解,但并非同意,不是说您与孩子同感就一定要去满足孩子。同感是对孩子情感、观念与行为的理解,是引导与教育孩子的基础。

☆*珍惜孩子与你的同感*。如果孩子对你表达同感,请一定给予积极的反应,即使是比较尴尬的情绪被孩子察觉。比如:"爸爸,你生气了吗?"这个时候千万不要死要面子而反驳孩子"我哪里会因为这样一点小事而生气",你可以自然地回应:"是的,是有那么一点生气。你可真是理解爸爸啊!"

☆*经常与孩子交流情感体验*。想想我们现在与孩子在一起时经常谈的话题是什么,可能很多的时候我们都用"我想……""我认为……""你应该……"这样的语气与孩子对话,用足的只是思维,而忘记了我们原本是多么富有感情的动物。所以,建议父母与孩子交流时多用一些"我觉得……""我喜欢……""我担心……"这样的话,让孩子了解您的情感,也让孩子有表达情感的机会。

☆*让孩子做一些角色游戏*。如果孩子真的不太理解你或者他人,那么可以通过角色扮演的方式,让孩子充当你或者他人(小年龄的还可以通过动物游戏)来身临其境,这样会让孩子在经历中增强对你或他人的理解,培养同感。比如,用嘲笑与鼓励两种方式对待孩子,让孩子将心比心,去试着理解弱者的无奈与渴望。

☆ *在家庭中共度一段感动的时光*。最好能够每隔一段时间或者在某个固定时间,将家人聚集在一起,共同来分享生命中的感动,这样的相处必定能对孩子起到潜移默化的作用。相信在这样的时光中,彼此的心灵都将被滋润、被营养。

☆ *让孩子意识到自己的责任*。家人必须让孩子做力所能及的事情,比如必须明确地告诉孩子,上学是他(她)的责任,所以背书包、写作业都是理所当然的。让孩子在自我负责中体验他人的辛苦。

"护墙壁"下的碰撞

小莹莹8个月了,正是满地爬的时候,而且她也特别喜欢爬,爬到这儿,爬到那儿,就像是在擦地板。爸爸妈妈在莹莹出生前就看了很多科学育儿方面的书籍,深知爬对于孩子的重要性:爬,不仅是动作发展的重要阶段,更是促进大脑协调发展的手段。很多出现感觉统合失调的孩子,都是因为没有爬好,甚至没有爬过。正因为懂得这些道理,爸爸妈妈从来都不阻止莹莹爬行,而且相当鼓励。在她刚刚有一点爬的样子时,爸爸妈妈就特别鼓励,拿玩具逗引她,还挠她的脚心,千方百计地帮她学爬。而今,莹莹真的是爬行高手了,爬得不但稳而且快,就像一只小老鼠。

可是近来莹莹却连续发生了两次爬行事故,害得爸爸妈妈很担心。一次是爸爸妈妈带莹莹到公园里去玩,她高兴地开始在草地上爬行,可没有想到竟然会撞到一棵树上去了。另一次是在爸爸妈妈的同事家里,莹莹刚表演了不一会,就撞到了桌子的腿上,结果泪流满面。怎么会这样呢?

被过度保护的"壁"

爸爸妈妈为了让莹莹在爬行时减少碰壁的危险,专门给她开辟了一个爬行专区——一个空荡荡的房间(反正居住条件允许),而且连可能撞头的墙壁都用软软的垫子护住了。所以,莹莹即使碰壁也不会痛,还很好玩呢!不仅如此,其他房间里的桌子腿、凳子腿、茶几腿等等,凡有可能碰痛莹莹的东西统统把它们进行了软包装。再加上有爸爸妈妈护驾,莹莹在自己家里"爬"无顾虑!莹莹哪里会想到外面的墙壁如此硬,会将脑袋撞得生疼?

应不应该怪爸爸妈妈没看管好莹莹呢?俗话说,"当局者迷,旁观者清"。在生活中,我们会不知不觉地扮演过度保护的角色。

现在有许多保姆很尽责,怕带不好孩子会让雇主不高兴,结果反而把孩子带坏了,使孩子养成许多坏习惯。

文珊从小就被保姆抱着或用小车推着,连爬都没有爬过。4岁入幼儿园,她还不会自己吃饭。现在文珊8岁了,上小学二年级,长得很乖巧,白白净净,非常可爱。但她上课时很难集中注意力,完成老师的要求很困难:听了写不下来,写了又来不及听,手忙脚乱,错误百出。语文、数学、外语不说,连孩子们喜欢的体育课文珊也害怕。因为她跑不快,跳不远,跳绳不会,拍球不多,每次分组活动,同学都不愿与她分在一个组里。手工课上,文珊也常常发呆,看着同学们灵巧地折纸、粘贴,她心里难受极了,为什么自己的剪刀和纸张就不听话呢?痛苦的还有写不完的作业,让她每天都比同学睡得晚。

昊天的爸爸妈妈最怕他动手了,因为他只要一动就得出事:早上穿衣服,妈妈嫌他动作慢,怕迟到,急匆匆地给他穿上;吃饭时奶奶负责喂饭;到超市去,他一不小心就可能弄坏店里的东西,爸爸干脆用数码相机拍下玩具的照片供他挑选,还差点被当做商业间谍抓起来;其他的一些事情,像倒水、洗脸等等,当然更不能让昊天单干了。昊天进了小学后,天天有情况:上课弄翻铅笔盒,下课碰倒垃圾桶;一会丢了这个,一会又忘记那个……对此,昊天一家人十分苦恼。

看来,过度保护孩子的"壁"形形色色。

过度保护及其产生的恶果

从莹莹的故事中,我们可以很清楚地认识到过度保护对于孩子发展的不利之处:

☆ *父母为孩子虚构了一个安全的世界。* 孩子以为周围的世界没有障碍,以为碰到障碍也不会疼痛。结果一旦孩子不小心经历了挫折、疼痛,就会怀疑甚至讨厌外面的世界。一旦被老师批评,就受不了。事实上,外面的世界本来就有鲜花有荆棘,有阳光有风雨,有快乐有痛苦。但因为孩子已经习惯了那个虚构的世界,于是在真实的世界里,就无法适应了。

☆ *父母剥夺了孩子学习自我保护的机会。* 没有碰壁、疼痛的体验,孩子也就不用或者几乎不用在生活中看一看、试一试了。孩子生活在没有硬壁、陷阱、暗礁的世界里,放心地、盲目地爬行,毫无自我保护的能力也就不足为奇了。孩子碰到树木、碰到桌子实在是不幸中的万幸了,如果是刀、是火又该如何呢?

☆ *父母抑制了孩子行为的协调发展。* 爬原本是为了发展协调性,但绝不是只为了发展四肢的协调性,是眼、耳、四肢等多种感官与机能的统合发展。孩子在过度保护下,已经将爬与看、听割裂开来,因为在他(她)的心目中,爬根本不需要这么复杂的协调,所以时间一长干脆把看和听丢了。

孩子的发展不经过体验,不经过尝试,不经过碰壁,又怎么能发展他们生存的各种能力呢?父母的本意都是为了保护孩子,可结果常常事与愿违:孩子的行为让大人费解,大人必然为孩子的异常表现心惊胆战!

你对孩子过度保护吗?

从爬到吃饭、睡觉、做功课,孩子的成长不仅是对孩子的考验,更是对我们成人的考验。很多时候我们都会不知不觉走入过度保护的误区,总以为这

三、不同类型家教问题

些都是小事情,总以为孩子大了自然就懂了,但过度保护犹如过度依赖一样,会成为一种习惯,会在时间的累积中生根、发芽……

今天的你,看看下面的问题,仔细想想自己对孩子有过度保护的做法吗?如果有,请赶快STOP:

是否在孩子做一件事情时,总是习惯性地说"小心……"或者"不要……"

是否总是担心孩子自己做不好事情?

你是否总是帮孩子收拾玩具或者别的什么?

是否将孩子每天的时间都做了充分的安排?

是否总是将孩子留在自己的视线里?

是否从来不批评孩子?

只要符合以上一条,您对孩子就已经有过度保护的倾向了。小心啊!

"打"造出来的权威

前两天随父母到外婆家聚会,正赶上阿姨们热火朝天地聊着如何管教孩子的话题。最让小阿姨得意的是她当年教训孩子的本事:小阿姨练就了一身"鞋底武艺",知道什么样的鞋打在孩子的屁股上最疼,知道怎样打才能事半功倍。儿子本来很顽皮,可看到她就要多乖有多乖了。现在她的儿子是出了名的孝顺。我问小阿姨:"怕不怕儿子'仇恨'您呢?"小阿姨神秘地说:"打屁股,要该出手时才出手。"别看小阿姨平时这么凶,但如果孩子不犯错误,她会常常带儿子去公园玩呢!

您会赞同小阿姨的育儿之道吗？小阿姨读书不多，没有太多的理论指导，但从她的话里，我却读懂了"权威"两字，即权力与威信。小阿姨在她儿子的心目中绝对是一个极有地位和权力的人，她不仅是儿子的衣食父母，更是其行为督导者；她舍得爱孩子，也舍得管教孩子。今天，尽管我们不再提倡打孩子，但家长的权威还是必要的。

行使家长权威的测试

☆你是否明确地对孩子提出过行为要求，比如：吃饭必须坐下来？

☆你是否经常坚持自己对孩子的行为要求，哪怕孩子反对、抵触的时候？

☆你对孩子的行为是否做出过适当的限制，比如每次只能拿一两件玩具来玩？

☆你对孩子是否设立过行为目标，比如：孩子2岁要自己解裤子坐便盆，孩子3岁要自己吃饭等等？

☆你是否总要求孩子努力去达到这些目标？

☆如果孩子违反了合理的行为要求时，你是否总会做出限制性反应？比如拿走玩具不让他（她）玩或者暂时离开孩子。

☆你是否会努力争取全家人在教育孩子的问题上意见保持一致？

☆当孩子违反基本要求时，你是否不顾家里其他人的包庇而坚持给予教训？

☆你在管教孩子时，是否坚持原则而尽可能避免感情用事？

☆你对孩子是否总能说话算数，保持应有的诚信？

☆你是否总能答应孩子的合理要求？

☆你是否经常留意孩子的需要？

☆你是否经常用行动表达对孩子的爱，比如哺乳、抚摩、微笑、聊天、逗乐等等？

☆你是否愿意倾听孩子的想法，并能给予宽容的接纳？

☆你是否会耐心地陪孩子玩无聊的游戏?比如把积木不断地垒得高高的。

☆在孩子犯错误的时候,你是否给予弥补或者改正的引导?

☆在孩子学新东西的时候,你是否能给予积极的鼓励?

☆是否能让孩子始终感觉到你对他的爱?

☆你是否会营造一种充满关怀的家庭氛围?

☆你是否确信孩子有能力长大?

做完上述测试,请进行自我评分:

对上面20道题目,凡回答"是"的就得1分;将前10题与后10题分别计分,填入下表:

	前10题	后10题
得 分		

如何评价得分的高低呢?先让我们看看什么是权威,然后再给出正确的答案。

权威:爱与要求的结合

随着理解孩子、尊重孩子等家教理念的提倡,越来越多的父母学着蹲下来和孩子说话,选择平等地对待孩子。"权威"在现代家教中似乎成了贬义词,成了"蛮横"、"无理"、"老套"的代名词。越来越多的父母担心充当权威的角色会激发孩子的逆反心理,担心行使权威会违背民主精神。

然而毋庸置疑的是,有越来越多的父母发现,他们在家庭中越来越没有地位。父母越来越得不到孩子的尊重,难以与孩子沟通;而孩子变得越来越任性、脆弱和没有教养。

在咨询中,我们常常会碰到两三岁孩子的父母无奈地询问:都说不能打孩子,为什么我们这些被打的一代更独立,而现在没有挨过打的一代如此脆弱呢?

现在的孩子怎么都那么任性,受一点批评就不想上学了?

这究竟是为什么呢？家庭问题研究专家洛韦博士指出："也许民主的态度就其内在和本身而言并不坏,只是当它摇摆得太远时,就可能导致丧失对孩子的约束、管制,造成家庭结构变异。当这种民主的态度超过一定限度时,问题会接踵而来。"也就是说,现代家教提倡"民主"并没有错,因为

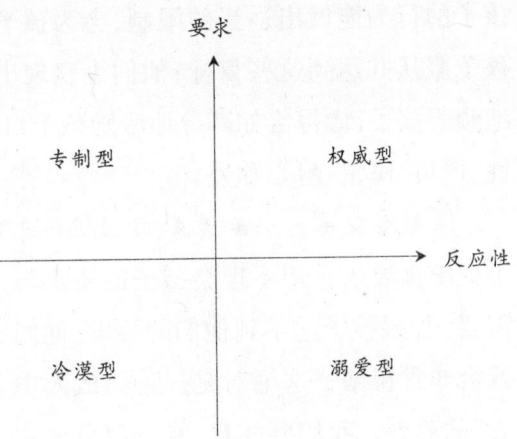

多少年来,做父母的都滥用了权威,将权威带入专制或专横跋扈的误区。不幸的是,现在我们又将民主带到了另一个误区——放任自流。我们可能过度响应了孩子的要求,而忘记给孩子提要求。

权威也好,民主也好,它们不是对立的,而是有着内在的统一性。父母一旦丧失了权威,那么民主也将无从谈起;同样,如果父母不注重孩子的权利,那么权威就将变成专制。因此,权威父母并不可怕。

一言以蔽之,父母权威的本质应该是:*既会爱孩子,又会对孩子提要求*。

 一项关于养育方式的研究

所谓家庭养育方式,是指父母对子女的养育方式,具有相对稳定性、持久性的特点。根据美国加利福尼亚大学鲍姆令德（D.Baumrind）博士提出的理论,父母养育方式主要由两个维度来确定:要求和反应性。要求指的是父母是否对孩子的行为建立适当的标准,并坚持要求孩子达到这些标准。反应性指的是父母对孩子接受和爱的程度,以及对孩子需求的敏感程度。根据这两个维度,我们可以将父母的养育方式分为4种类型（如上图）:权威型、专制型、冷漠型（忽视型）和溺爱型。经过长达10年的研究,鲍姆令德发现,权威型养育是最利于孩子成长的方式。

权威型父母——*高要求,高反应*。这类父母不但对孩子有合理的要求,对

孩子的行为能做出适当的限制,会为孩子设立一定的行为目标,并坚持要求孩子服从并达到这些目标;他们也表现出对孩子成长的足够关爱,能够耐心地倾听孩子,懂得恰如其分地激励孩子自我成长。这类父母对孩子做到了理性、严格、民主、耐心和爱。

专制型父母——*高要求,少反应*。这类父母就是典型的暴君,只一味对孩子提出高要求,却不理会孩子的要求与需要。如果孩子达不到他们的要求,他们就会非常粗暴,这绝对是一种"成人中心"的养育。我们要注意,专制型是非常容易和权威型混淆的。

溺爱型父母——*少要求,高反应*。这类父母不用多说,现在肯定是随处可见的。他们总是尽可能地去满足孩子,而不对孩子提出任何的行为要求。即使有些父母会对孩子提出要求,但一看孩子的"脸色",又会放弃或者改变那些要求。

冷漠型(忽视型)父母——*低要求,低反应*。这类父母对孩子的成长表现出漠不关心的态度,他们既不会对孩子提出什么要求和行为标准,也不会对孩子关心。那些经常说"没有时间和精力来照顾孩子"的父母,就是这一类型。

下面这个表,列出了不同家教方式培养出来的孩子所具有的不同的特点:

	权威型	专制型	溺爱型	忽视型
孩子的典型特点	1.自信 2.自控 3.乐观 4.积极 5.社会适应良好 6.学业成就高 7.责任心强	1.刻板 2.负责 3.自责 4.焦虑 5.社会退缩 6.情绪化	1.以自我为中心 2.依赖 3.贪婪 4.软弱 5.情绪化 6.无毅力	1.冷漠 2.孤僻 3.以自我为中心 4.懒散 5.不负责任 6.叛逆

您属于哪一类型的父母？

现在,让我们回到前面的20道测试题。也许你已经发现,前10个题目问的都是父母对孩子的要求,而后10个题目则是父母对孩子要求的反应。是的,权威不是单向的,正如前面所言,权威即权力与威信。权力可以因父母的强大而成立,更多体现在父母对孩子的要求上,但威信却需要孩子赋予,是父母在孩子心目中的权力,而这恰恰是亲子互动的结果。请一定记住:如果您只有权力而无威信,那顶多算一个暴君,孩子迟早是要"革命"的。好了,如果您已经分别计算好了前10题和后10题,那么就来确定自己的位置吧——

	前10题	后10题
权威型	6分~10分	6分~10分
专制型	6分~10分	0分~5分
溺爱型	0分~5分	6分~10分
冷漠型(忽视型)	0分~5分	0分~5分

请遵循以下几点,尝试做个"权威家长"吧——

☆ 坚持基本原则,克服对孩子的溺爱与迁就;
☆ 提出适当要求,让权威在接纳中巩固;
☆ 管理好自己的情绪,让权力有威信;
☆ 争取全家结成统一战线,莫让权威摇摆不定;
☆ 通情达理,严防权威变成专制;
☆ 聆听孩子,修炼权威中的柔功。

中国人教子有问题

四、家庭教育规律问题

在有关教育社会学和家庭教育学一类著作中,都会谈到家教规律的问题,如言传身教律、潜移默化律、严慈相济律、爱教相融律等。这些基本规律,是值得所有父母在教子过程中做理性思考的。但无论传统的还是现实的,有些家教规律有着非常大的影响。有正确的,有错误的,也有似是而非的。

 ## 反思"三岁看大,七岁看老"

人们常说"三岁看大,七岁看老",指的是孩子的性格特征在幼儿时就基本定型,虽在以后的成长过程中有些改变,但这种变化不太明显;同时,幼儿成长发育阶段形成的个性,会影响其未来的学习、事业、婚姻、家庭和社会生活的方方面面。这样的说法有道理吗?

 ### 英国也有"三岁看老"的说法

伦敦精神病学研究所卡斯比教授进行了一项长达23年的研究。结果表明,3岁幼童的表现可预示他们成年后的性格,为"三岁看老"的说法提供了强有力的证据。

这项研究始于1980年。卡斯比教授同他的合作者伦敦国王学院的精神病学家一起，对1000名3岁幼儿进行了测试，并研究了他们22个行为特点方面的问题。根据测试获得的各种数据，这些幼儿被分为充满自信、良好适应、沉默寡言、自我约束和坐立不安五大类。

2003年，也就是当这些孩子26岁时，卡斯比教授等再次与他们进行了面谈，并且对他们的朋友和亲戚进行了调查。结果是：

（1）当年被认为充满自信的幼儿占28%，他们十分活泼和热心，为外向型性格。成年后，他们开朗、坚强、果断，领导欲较强。

（2）当年40%的幼儿被认为属于良好适应型，他们表现得自信、自制，不容易心烦意乱。成年后，他们的性格依然如此。

（3）当年被列入沉默寡言型的幼儿占8%。如今，他们要比一般人更倾向于隐瞒自己的感情，不愿意去影响他人，不敢做任何可能导致自己受伤的事情。

（4）当年10%的幼儿被认为属于坐立不安型，主要表现为行为消极、注意力分散等。如今，与其他人相比，他们更易于对小事情做出过度反应，容易苦恼和愤怒；周围的人把他们评价为：不现实，心胸狭窄，容易紧张和产生对抗情绪。

（5）当年还有14%的幼儿属自我约束型。成年后，他们的性格依旧未改变。

现代脑科学的证据

现代脑科学发现：在婴儿出生时，大脑已有成百亿的细胞（神经元），具备了脑部的基本结构，但大多数的脑细胞尚未开始工作，它们是分散的；大脑皮层表面沟回不明显，但随着外界的刺激，脑细胞之间就会相互牵连、相互缠绕，转化成有组织的、发生结构性分化的、其功能在新层次上完善的，可以感知、记忆、思维，有情感反应和进行思考等功能的细胞团，并进而形成特定功能区和有功能联系的网络。生活环境中的信息，激发脑细胞活跃，使之相互缠结的质量高、速度快，脑部发育良好。脑部细胞的整个缠结过程70%~80%在3岁前完成。1岁末，婴儿大脑的重量已是出生时的257%，其重量达到成人脑重的59.4%；大脑的重量在3岁时约为成人大脑重量的71.9%；6岁时为90.6%。而且，3岁以前发育的是脑后部的细胞组织，形成最基本而重要的信息处理结构。3岁后大脑的前半部分得到发展，将前阶段接受的信息形成的脑力活动进行高层次的操作，脑功能得到进一步的发展。

由此可见,3岁以前脑力活动的基本功能若未得到应有的发育,以后的训练就难以取得良好的效果。婴儿期良好教育对终生发展的影响是显而易见的。

 心理学和教育学的支持

心理学、教育学的诸多实验都发现:**个体的年龄越小,可塑性就越强。**

我国教育学家陈鹤琴先生也曾对早期习惯与人一生的关系做过论述。他说,**一个人养成了良好的习惯,就将得到很多益处,一生受用不尽。习惯要在小时候养成,长大以后要养成好习惯就困难了。**他举例说:"婴儿如果抱在怀里睡,不到一个星期,他就不愿意睡在小床上了。如把他放到小床上,他就会两只眼睛瞪着。"陈鹤琴先生认为习惯要从孩子抓起,如孩子要养成吃饭时不讲话的习惯,否则既不卫生又不礼貌;要养成早晚刷牙的习惯、物归原处的习惯等等。如果小时候养成好的习惯,长大以后就会成自然,会形成一种条件反射;如果小时候好的习惯没有养成,长大以后再纠正就困难多了,所以习惯养成的教育要抓早抓好,要从小事抓起。

> 哈佛大学资深教授迈尔于20世纪80年代末指出:"人和其他动物的区别在于其行为程度的开放性,道德规范就铭记在幼婴的开放性行为程序内。人类的这一开放性程序的巨大容量才使道德的形成成为可能。在幼年期(这里应是泛指在成人前的成长期)奠定的基础在正常的情况下可以维持一生。"

 生命的弹性

脑科学、心理学、教育学及其长期的追踪研究,都证明"三岁看大,七岁看老"确实有道理,但是我们千万不要因此而过早给小小的孩子下定论,毕竟生命是有弹性的。虽然人在3岁前大脑的重量和生理结构发育迅猛,但3岁后大脑也同样在不断发育,而且大脑要加工的信息更是与外在的环境有很大的关系,使得后天的培养对性格、习惯起着重大的影响。

所以,"三岁看大,七岁看老"的含义并不是说早期教育决定终身,而是要告诉父母,要重视早期教育,要看到早期教育对日后能力、个性、习惯等各方面的影响。在心理学上,有一种敏感期的说法,也就是说在某一种能力的发展过程中,有一个时期是接受刺激、发生变化特别敏锐的。比如,两三岁孩子的语言发展速度惊人,在这个阶段孩子的口语词汇量突飞猛进,语言模仿能力非常强;只要有正常的语言环境,孩子自身健康,那么这个时期孩子的语言能力发展都会让大人惊喜万分。但并不是说,除了这个时期,语言教育就无效了。据说,爱因斯坦直到4岁才会讲话。

> 著名的儿童发展心理学家格塞尔的名言——
>
> 一个自我需求的时间表就是从器官时期出发的。要在婴儿肚子饿了时才喂奶,在他瞌睡时才让他去睡,不要叫醒来喂奶;如果他(身体)湿了,感到烦躁,才给他换衣服。在他希望的时候,才让他参加社会游戏。他并不靠墙壁上的挂钟而生活,而是靠他起伏需要的内部钟生活。

我们在前面提到的进行了23年追踪研究的卡斯比教授也承认,一个人的性格到成年后又改变的情况的确存在,父母的抚育和教育方式,以及社会环境的变化对一个人的性格都会产生一定的影响。这要看孩子在什么样的环境下成长以及在什么样的老师指导下学习和发展。若是父母、老师和友人给予正确健全的、身体力行的影响,其未来的发展走向就比较乐观,反之就会出现问题。

因此,父母切勿因为早期教育的重要,而给孩子过度强加发展任务,好像抢时间一样满灌孩子。据调查,现在大约有43.5%的0~3岁的父母存在强迫喂养问题,突出表现在老觉得孩子吃得不够。从吃饭到动作,到语言,到学习,随着对早期教育的重视,父母对孩子实行强迫灌输的比例似乎也在日益增长,这不能不令人担忧——不要因为想抓住3岁、7岁的教育关键期,而让孩子过早长大变老吧!

听听关于"自然"的忠告:

☆不要认为你的孩子成为怎样的人完全是你的责任,你不要抓紧每一分钟

资料：双生子爬梯实验

1929年，发展心理学家格塞尔用孪生子做了一个著名的爬梯实验——

实验对象是一对同卵双生子T和C，这是为了控制遗传因素的最小差异。T从第48周起每日做10分钟爬梯训练，连续6周。在此期间C不做训练，直到第53周起才开始训练。结果C只用两周时间就赶上了T的水平。

格塞尔的实验是为了告诉大家，儿童有其内在的成长规律，每一种机能都有其独特的时间性，过于超前的训练或者学习往往难有显著的效果。

去教育他。

☆要学会欣赏孩子的成长，观察并享受每一周、每一个月出现的进步。

☆要尊重孩子的实际水平，在尚未成熟时，耐心等待。

☆不要老是去想："下一步应发展什么了？"应该让你和孩子一起充分体验每一阶段的乐趣。

全职妈妈幸福期待的奥秘

我的宝宝现在28个月，现在越来越爱说话，越来越喜欢我陪他玩了。可我是一个职业妈妈，平时工作很忙。孩子满1岁后，白天我把孩子交给奶奶带，晚上回家，我自己管孩子。但上班一天感到非常疲劳，我与孩子的交流就很有限了。许多年轻的妈妈都和我一样，都有这样的烦恼。

孩子在婴幼儿期，我们不但看到孩子的身高、体重快速变化，而且明显地发现孩子的动作、语言、思维能力等都在迅猛发展，因为这是人脑不断分化、快速发展的阶段。尽管城市里的孩子2岁后可以进入托幼机构，但绝大多数孩子的教养仍是以家庭为中心的，因此家庭教育就成为孩子发展的关键外因。父母怎样看待与对待孩子，将深刻地影响孩子日后的知、情、意、行各个方面。然而，照顾孩子与上班工作是职业妈妈的一对矛盾：从内心讲，妈妈想与孩子多亲近和交流，可工作又不允许经常请假在家陪孩子。如何在有限的时间里，与孩子有一个高质量的交流呢？

 储备状态，培养感情

首先要将平时与孩子的交流看做是生活的乐趣，而不是一种负担。千万不要将与孩子之间的沟通安排成工作表，比如今天做什么，明天做什么……好像每天必须做些什么才叫沟通。其实,人都需要休息,工作后的你也同样。所以,在与孩子交流之前,在心态上,你应该是一个放松的、乐意交流的妈妈,而不是一个刚刚从拥挤的公交车下来,匆匆忙忙赶回家的疲惫妈妈。就这一点,建议你在回家的路上或者进门之前,或者要见到宝宝时,做以下的想象:

☆想象一个足以让自己心情愉快、放松的情境,或者用一些美好、舒服的词汇,如暖暖的阳光、开心的野餐、温馨的灯光、甜甜的笑容……

☆在头脑中闪现宝宝可爱的样子,如胖乎乎的小脸、脆生生的声音(尤其是叫"妈妈"的时候)、玩耍的模样、滑稽的怪相,还有好多可爱的第一次;

☆想象你与宝宝在一起的欢乐时光,如游戏、读书、洗澡、玩水、学步等;

☆相信这些想象足以给宝宝一个好状态的妈妈!

这就像接力跑中的那段接棒区,是一个助跑、转接与加速的区段。工作以后的你,可能已经累了,而如果能有这样的一段心理接棒区,将能使你从工作的后遗症中解放出来,给自己一个即将见到宝宝的幸福期待。这将激活你发自内心的那种母性的爱与灵感。其实,与宝宝如何相处的技巧没有谁能真正教您,因为你的孩子是独一无二的,而他(她)所期待的也是一个特有的妈妈。不要迷信所谓的育儿技巧,当你放松下来时,你想与孩子沟通的本能就自然而然地流露出来了——

来吧,让妈妈亲一下。

妈妈回来了,快亲妈妈。

妈妈好想你,快过来让我抱一抱!

正如你意识到的,亲子之间情感的交流与沟通才是最重要的!什么是交流?即一种自然而然的接触,如一个眼神、一个动作、一句短短的问候、一个亲热的吻。什么是沟通?即一种彼此心灵上的默契,如会心一笑,眼睛一亮,拉拉手,点点头……

这些需要花费你多少时间呢?真正需要的是一种放松又快乐的心态!所以,建议你多留意生活里的美妙时刻,让点点滴滴汇集在你的记忆中,以便随时可以提取想象。即使你在工作的时候,偶得空闲,头脑里有那么一点闪念,不也可

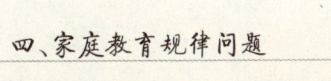

以自娱自乐吗？

 孩子并不需要像超市购物单一样清晰的刻意交流？

现在有各种亲子交流的书籍、活动、训练、游戏的介绍，令人目不暇接，搞得每个父母看了都觉得自己不称职。专家们给你开了亲子交流的处方，你发现这样的处方根本就不适合自己，于是抱怨：

我没有那么多时间给孩子讲故事。

我从没有陪孩子搭过积木。

这些家庭游戏，我们都没有玩过！

你越看越觉得焦虑，好像父母不给孩子读故事，不训练孩子，不与孩子做游戏，孩子就可能不健康，就可能影响某种"商"（如"智商"、"情商"）的发展。父母心理压力很大，既怕少交流，又怕错交流，无所适从。结果把最重要的东西忘了：我的孩子到底需要什么？需要我做些什么呢？

所以，在你走入家门前，请不要像去超市购物似的，怀里揣着一张购物清单。如果这样，结果大多是——

我的孩子注意力很难集中，刚看了两页书就不行了。

他根本就不爱听故事。

我说什么他总是不听，总要我按他说的做！

我们很难回忆起3岁前自己是怎样需要父母的，想要真正弄明白现在的孩子的需要的确很难，那么就先听听孩子们的声音吧——

妈妈，我今天搭了一个好高好高的楼房。

爸爸，我想听故事。

妈妈，抱抱。

哇……哇……

这些声音、动作、姿势、语言、表情足以表达宝宝的需要，需要您仔细地听，带着欣赏去听，带着好奇去听。当然，您可以提出设想或建议：

宝宝，想不想听妈妈讲故事。

妈妈有本很好看的书，想不想看？

所以,交流以自愿为原则,如果孩子喜欢先搭积木,再听故事,干嘛非得按你的指令先听故事,再搭积木?如果你想有意识地教孩子一些东西,那么就更要懂得如何吸引孩子了!

 充分调动家庭资源

孩子不是妈妈一个人的,所以不管照料孩子还是教育孩子,都是家庭成员共同的权利与责任。家庭成员都来积极地关心孩子,不但你轻松了,而且对孩子成长更加有利。家庭成员间彼此闹矛盾,吵吵闹闹,经常会成为孩子模仿的榜样、钻空子的借口,难道不是吗?笔者经常听到这样的相互抱怨——

真怕老人把孩子宠坏了。

孩子这么小就让他学这学那。

爷爷奶奶太宠,所以才这么任性。

自己还没长大,懂什么带孩子?

如果换一个角度,老人虽有隔代亲,但很有育儿经验;年轻人虽少些经验,却更具现代意识。如果相互能取长补短,彼此信任,在必要的行事规则上达成一致,这将最利于孩子发展。

总之,有质量的亲子互动是一种放松、愉快的合作与交流!

 **从"三好学生"到抢劫犯**

这是一个令人意想不到的青少年犯罪的案例。让我们一起打开案卷:

6名少年深夜在市中心持刀拦路抢劫,过路群众当场奋力将其中一名犯罪嫌疑人即本案案犯周明(化名)抓获。

周明是某中学初三年级的三好学生,爱玩游戏机。一天下午,他在游戏机房受到几个外地青年人的肆意欺凌,顿觉很失面子,便想到花钱雇人来教训他们。周明决定和小学同学A商量如何筹集这笔数目不小的钱。

A是班长,在班里有号召力,又喊来同班同学B和同学C。4个人七嘴八舌之后,一个上街抢劫的计划出来了。周明买了两把30厘米长的水果刀，分了一把给A。

次日下午6时，他们4人如约在某车站碰头，想不到又碰上了同学D和同学E。此时，周明真有说不出的高兴，直夸奖A够朋友，一下子叫来那么多的人。A也很开心，因为在朋友面前显示了自己呼风唤雨的本事。

晚上10时，6名少年到了市中心行人稀少的地方。突然，发现前方有个单身男子在赶路，周明仗着人多势众，大步上前把那人抓住。6名少年一哄而上，周明和A拔出水果刀，顶住被害人的胸口。他们拳打脚踢，把被害人打翻在地，并从被害人的皮夹中找出80元钱。之后他们纷纷逃窜，周明则被过路群众当场抓住。第二天，其余5人先后归案。

事发后，老师和家长都感到异常震惊。在庄严的法庭上，人们不能相信自己的眼睛：6个少年是好学生、好孩子还是犯罪嫌疑人？好学生、好孩子为什么会违法犯罪？是对法律知识知之甚少，还是知行不一？在这些问题面前，让我们首先对周明的家庭背景进行分析，然后再对其家庭教育进行剖析，从而找出他走上违法犯罪道路的必然性。

关于家庭背景

周明的父母是具有高等文化水平的科技人员，在不同的两个研究机构工作，有着令人羡慕的职业和岗位。他们年富力强，几乎把所有的精力都放在事业上。在家里的饭桌上，他们经常讨论工作中碰到的问题。周明嘲笑父母把家里的餐厅当实验室。

周明父母收入不菲。但他们的生活方式依然很传统，该节省的地方就节省。相反，周明倒有足够的零花钱。全家要比口袋里钱的话，周明肯定是"大富翁"。

关于父母监管

家庭教育的氛围是民主的，父母从来不打骂周明。事实上，周明不需要打骂，因为他学习努力，成绩优良。在所有人的眼里，周明是个好学生、好孩子。

家庭的民主氛围，有时会产生偏差，表现在父母对孩子监管过于宽松。父母对周明的所作所为很信任，遂放弃对其的监管。

关于朋辈

周明交往的同学，不是班干部，就是学习尖子。周明和小学同学A是非常要好的一对朋友,A现在是班长。因此父母从来不为周明交友操心。周明和A从小学到中学始终保持着密切的联系,他们都持有有福同享、有难同当的处世准则。

通过以上分析我们发现,周明从"三好学生"到抢劫犯,他们家的家庭教育有两个问题值得重视。

一个问题是,父母没有教育孩子形成正确的人生观,导致孩子走上违法犯罪的道路。

家庭要配合学校和社会,使教育在本质上实现三重价值,即个人价值、社会价值和教育自身的价值。价值观教育要从上述层面展开。许多家长并没有自觉地站在这一高度来认识家庭教育的本质含义。教育孩子究竟是望子成龙还是望子成人,许多父母选择了前者。因为周明书读得好,父母对他生活的其他方面就无为而治。较为典型的事例是:许多父母不愿让孩子受苦,不愿影响孩子学习,拒绝让他们参加社会公益劳动;孩子在学校吃了亏,就帮着孩子去和老师算账,甚至打别人家的孩子等等。父母的做法扭曲了孩子的人格。这种家庭教育对教育价值的偏离,直接影响孩子形成正确的人生观。这不仅让孩子从小是非不分,也在其人生发展的道路上埋下了违法犯罪的种子。青少年违法犯罪率的上升,将严重影响整个社会的安定和协调发展。

另一个问题是,父母对孩子的认识上存在盲区而使家教"空转",也必然导致孩子走上违法犯罪的道路。

上述案犯周明,其背后隐藏着许多不为父母所知的心理需求和成长烦恼。这些需求和烦恼,父母从来没有觉察到,结果孩子的行为表现出两面性。学习好是他让父母放心的一面;虚荣心是他隐藏着的一种心理问题。当周明受到欺负时,他就想要出头,要以牙还牙。

青少年的需求和成长烦恼有许多,解决不好,对于个人成长、家庭幸福、社会安定都是一种痛苦或灾难。父母平时和孩子生活在一起,特别要注意以下可能引发孩子违法犯罪的现象。

比如,孩子生理发育提前与心理发展滞后的现象。

物质生活条件的改善加速了青少年的身体发育。我国在最近35年,大城市里女孩的平均初潮年龄每10年提前5.07个月。男孩发育提前的现象也同样存在。

但是,当代青少年的心理发展并没有提前。所谓的"大小人",天真而幼稚就是常见的现象,因为工业化和城市现代化延长了人们接受教育和智力训练的时间。这意味着,在今天一个人要成为社会所需要的人,需要更多的时间和更艰苦的努力。限于各种条件,有的青少年会因某些愿望无法实现而采取非常的手段和措施,从而走上了违法犯罪的道路。

比如,自我意识强化与朋辈影响凸显的现象。

青春期的孩子自我意识得到强化,他们会在心理上与父母疏离,这种现象被称为人生的第二次断乳。一般来说,这时的青少年开始把心里话向同龄人倾诉。于是交往朋辈的好坏,会对青少年的成长起着重要的影响。青少年走上违法犯罪的道路,大多与朋辈的影响有关。那些有问题的青少年或内心有困惑的孩子,大多数会从朋辈那里寻找贴心人。

再比如,角色冲突与焦虑现象。

角色冲突在青少年成长过程中具有典型意义,它常常由于个体自控能力弱而由一念之差引起。角色冲突短暂而激烈,一时冲动便导致严重的后果。事后,他们都会因此而感到焦虑不安,内疚自责,甚至抱憾终身。所以,好孩子、好学生和违法犯罪分子的角色,并非不可逾越。角色冲突属于意识范畴,是社会存在的反映。现代社会赋予人们更加丰富的角色类型、角色要素、角色内容,个体进行角色冲突调适的任务也大大加重。

总之,从主观和客观两个角度分析,我们可以发现在孩子家庭教育上存在的问题和不足。许多家庭的家长对处于青春期的孩子所发生的变化一无所知,以致教育空转,酿成不可挽回的后果。

啃老族:现代隐士之路

"长江后浪推前浪,自古英雄出少年",是人们对小辈后生们青出于蓝,后来居上的赞誉之辞。

但毋庸讳言的是,如今在本该朝气蓬勃地施展身手的青年人中,也存在着数量相当可观的社会新生代寄生群落,他们有着一个让人鄙视的名号——傍老族,其中行为举止特别过分的还被人们形象生动地冠名以"啃老族"。

如果你有意上网搜索的话,只要打上傍老族这个带有社会学意味的名词,立刻会跳出来成千上万项与此相关的条目,林林总总的新闻会让你对啃老族直摇头叹气,甚至会脊背发凉!古话说得好,养儿防老。可时下我们所看到的很多出现在我们身边的事情,给家中老者的人生黄昏抹上一层浓重的阴霾。

有的老人退休后为满足年近而立之年的子女那填不饱的私欲和需求,只好强打起精神,不惜透支体力,坚持每天上班去发挥余热;有的子女学业结束,不思回报父母养育的拳拳之恩,却对工作岗位挑肥拣瘦,就是不想吃苦耐劳地干正经活,在无法找到自己心目中理想舒适的工作后,就选择泡在家中,让年老体弱的父母继续负担养活自己的重任。还有的人在傍老、啃老的同时,不肯降低自己的生活水准,对他们而言,上网泡吧寻乐子是常事,没钱就向父母要。愿望满足最要紧,哪管老人死与活!

当然,在这些显得很差劲的新新人类中,也有知道羞耻的。据报道,有对青年夫妻,在左邻右舍的眼中,不啻城市隐士,躲在家中从不出门。原来他们没有工作,夫妻生活来源全靠父母,实在感到没有面子。但要他们去选择心仪的工作岗位,实在是不可能;而去干那些力所能及的活,又一百个不情愿。这样,躲进小楼成一统,整天大眼瞪小眼,无聊度日,成为这对隐士的唯一选择。

其实,不只我们国家有所谓的傍老族,发达的西方国度,也受到此类问题的困扰。如英国有很多青年平日里根本不上班,却泰然自若地领取国家的社会救济金和享受社会福利。与此形成鲜明对比的是,许多年过六旬的英国老人们还兢兢业业地干着本职工作。他们所缴纳的丰厚税金,有相当一部分被那些懒惰的后生们享用了。最近有报道说,许多英国青年在大把花钱后被迫纷纷申请破产,因为他们拥有的各种银行卡都已刷爆,又无法还账,只好取此下策。而号称世界第二经济大国的日本,据说也有52万之多的傍老族充斥社会。看来,社会上这类群体的存在,与整个社会财富的增加也有一定的内在联系。那些常闹饥荒的非洲国家,好像就没有类似的现象。

另外,从我国的社会实情来看,傍老族的出现和增多,还直接与城市独生子女

家庭多,父母长期溺爱、娇惯、纵容孩子而使其养成过分依赖性格,以及学校的教育缺乏人生进取方面的素质培养等因素有关;与社会就业压力陡增、网络时代青年人特殊的社会心理等有关。这种复杂的社会现象,有待全社会形成共识,一起来直面和解决这个问题,形成人人鄙视"傍老",痛恨"啃老",倡导传统的尊老敬老的风气。让更多的认为"傍老"、"啃老"理所当然的青年人,自觉地担负起养活自己和赡养老人的责任。至少要像上面提到的隐士那样,有点羞耻感也好啊。"知耻者近乎勇",如果能再主动学习些技能,找份工作,争取做个音同而字义不同的帮老族,那才叫不枉父母生养之恩呢!

五、家庭教育内容问题

比较而言,中国人的家庭教育内容显得单一和刻板,孩子成长中有关做人的十分具体的教育、心理问题和个体发育的秉赋差异被忽视了,家庭教育既不科学,也缺乏生机与活力。突出表现在以下几个方面:性教育变成儿童不宜;课外读物成为禁书;教育成为灌输;好动被怀疑成多动症等。

性教育,儿童不宜?

现在绝大多数的父母是不敢对孩子进行性教育的。父母怕诱发似懂非懂的孩子的性欲望,使教育结果适得其反。父母也怕与孩子谈隐秘的性问题,自觉这个难以启齿的话题有点"黄"。父母还担心自己有关性教育的技巧方法不到位,更担心教育程度出现偏差。

但是,对孩子进行性教育已经刻不容缓。开放的社会环境,丰富的物质生活等条件,刺激儿童性早熟,而谈性色变又导致儿童性心理的不正常发展。

 个案折射问题的严重性

个案一:4岁女孩看人亲昵就爱笑

陈先生在海珠区开了一个药店,其中也设了计生药具专柜。前几天,一名顾客来店里买避孕套。当时陈先生4岁的女儿阿花(化名)正在

店堂玩,她看到顾客刚拿起一盒避孕套,马上挡在了货柜前,大声嚷嚷:"这是我爸爸妈妈的,不准看!"弄得陈先生和顾客都尴尬不已。

此事令陈先生联想到女儿的其他异常举动:有时候坐公交车,看到青年男女抱在一起亲昵,女儿会轻轻拉拉爸爸的胳膊,露出奇怪的笑容说:"你看他们呀!"电视里面一有这样的镜头,女儿也会这样怪笑。此外,女儿还经常和邻居的孩子一起玩,有次竟一本正经地侧身坐在一个男孩的童车后,学大人骑摩托车带女朋友的样子。

个案二:11岁男孩频偷小姨内衣

据广州市妇婴医院儿童内分泌科医生介绍,一名叫洋洋(化名)的男孩刚刚11岁,嘴上就有了小胡子,喉结也露了出来,阴毛越来越多,而且每隔两三天,就会遗精,他的父母对此非常担心。

"最让我们苦恼的是,洋洋还经常偷小姨的内裤。"他的妈妈说,今年洋洋的小姨从湖南来广州,就住他们家。一次小姨准备冲凉时,怎么也找不到内衣。起初,他们以为是晾在阳台上给风吹走了,也就没有太在意,可后来小姨总是接二连三地找不到内衣,他们都觉得很纳闷。不久前,母亲在洋洋的衣柜里发现了丢失的内衣。经父母再三责问,洋洋才道出了事情的原委。原来他觉得小姨的内衣跟男孩子的不一样,就趁家人不在时,偷偷拿走了内衣,又闻又嗅,觉得心里很满足。

家庭性教育不能再羞答答

儿童性教育是家庭教育的重要内容,应疏导而非堵防。

在儿童成长的过程中,身体的各器官也随之发育,而大脑及神经系统的发育直接促进心理的发育。进入青春期的中小学生在性认识和人际关系上极为敏感,并由此带来种种莫名的烦恼、不安甚至心理障碍。我们应该认识到孩子在心理、生理方面的需求,以及由此所引起的冲突、困惑和心理焦虑。积极疏导,引导孩子形成正确的性心理,正常地理解和处理各种与性有关的问题。

☆ *容忍孩子性好奇,让孩子懂得尊重与保护自己的身体。*

根据儿童心理发展规律,3~5岁是孩子对外部世界感到好奇的高峰期。经历每事必问的阶段,也是性蕾期,即孩子会自然地对性产生好奇,开始注意男女之别,也喜欢探索自己和别人的身体。尤其是男孩,一伸手就可摸到自己的阴茎,抚摸时又会产生一种舒服感,因而常常会有趣地去玩弄,如同玩弄自己的手、脚和耳朵。

父母不必大惊小怪,可选择合适的场景,通常在为孩子洗澡的时候轻松地告诉孩子,身体各个部位哪些可以被人碰触,哪些不可以碰触;告诉孩子等到他(她)长大以后,脸颊可以被人亲吻但是限于亲人之间,手可以与别人牵但限于某种状况,生殖器绝对不能被人碰触,即使是隔着衣物手套。教孩子保护自己的身体,不只限于女孩,男孩也一样。

除此之外,要教导孩子在平时生活中,特别是在陌生的环境中如何保护自己的身体免受陌生人的干扰。这样做有利于孩子性意识的发展,允许孩子性好奇的存在,从而懂得自我尊重与保护。

☆ 孩子早期性教育应采取多元化的方式。

性教育是什么?性教育,从广义来说是一个全人的教育。性所涵盖的层面非常广阔,性教育不单只是性生理知识的传授,而且是一项十分重要的人格教育,包含生理、心理、社会、历史及道德伦理方面。

为什么要学习性教育?性教育可帮助孩子拥有正确的性知识,认识及适应成长中的性生理或心理转变所引起的困扰,更能接受自我及建立自信;同时,让孩子学会有关人际关系方面的知识及与人相处的方法,培养尊重及爱护别人的能力。性教育也包括培养健康开明的性态度,对性行为负责任,不至于做出伤害他人的行为,减少一些因性而造成的社会问题;帮助孩子了解社会上不同的性现象,培养分析及确立价值取向的能力。

总而言之,性是与生俱来的,是每个人必须学习的:人在生命中的不同阶段皆对性有不同的需要,性教育在其中扮演着重要的角色。

儿童置身于人群中,不可避免地受到父母、社会、文化和传统观念等多方面的影响。对儿童进行正确的性教育,使其身心健康发展,是父母、学校、社会不容推卸的责任。对儿童进行性教育,主要是要求孩子的父母、老师对有关性的问题及其重要性加以认识。教育者头脑中对科学知识有了正确的认识,才能对孩子的求知欲望与好奇心给予恰如其分的指导与解答,也可防止性教育上的某些偏离。这对每一个人都是终生受益的大事,决不可等闲视之。

比如要创造良好的家庭气氛,让孩子同时在父爱和母爱中摄取双亲气质中的良好方面,丰富儿童生活内容,培养其德、智、体、美全面发展;清除那些外在的性诱惑,防止淫秽书刊、影视给儿童带来不良影响,创造良好的社会环境,给孩子一个干净健康的成长空间。

☆用正面的态度与孩子讨论性,正确地回答孩子提出的有关性问题。

儿童对自然界的一切都感到新奇,求知欲十分旺盛。看到任何不理解的东西都喜欢问"为什么"、"怎么回事",对性的问题也不例外。父母应当把它看做是对孩子进行性教育的好机会。有的家长对孩子提出的"我是怎样来的"、"我是由哪儿生出来的"之类问题,做法很不好。他们往往一是骗,二是打,三是怒斥或恐吓,这就使孩子减少了对父母的信任和尊重,使孩子在性问题上说假话,产生神秘感。父母应该主动提出适合孩子年龄、兴趣及理解程度的有关生殖及性方面的话题。

例如当有亲戚或朋友怀孕时,正是对孩子说明有关婴儿如何存于母亲体内的最佳时机,父母要使用正确的专门用语,说明婴儿是生长在女性的子宫内,而且要正确地形容子宫,是一个如温床似的特别地方。母亲还可以告诉孩子,自己在怀他(她)时的一些心情与期待;可以指着孩子的肚脐说,这里曾经是肚子里的你与母亲相联系的部位。这是一个既客观又具个人意义的方式,能使孩子对于性有较正确的看法,不再隐晦不清,或是抱太多的幻想。

重要的是父母本身对于性的知识与看法必须是健康的,如果成年人的性观念存在偏差,如何能教导下一代有一个健康的性观念?因此,如果对孩子的性教育做得好,孩子的心理卫生健康程度就能得到提高。

课外读物成了"禁书"

 课外读物好比洪水和猛兽

"连睡觉的时间都不够,哪里还有工夫看课外读物呀!除吃饭睡觉外,孩子的全部时间必须用在功课学习上。"对"你的孩子看不看课外读物"的提问,一位初中生的家长这么回答。她还做了个形象的比喻:一切为了考试,好像在一条单行道上必须禁止任何其他车辆通行一样。

记者寻访了几位学生家长特别是中学生的家长,他们的回答都大同小异:读闲书,不利于任何考试。学生、家长,乃至一些学校拒绝课外读物,已成为我国中小学教育领域的一个特别现象。

拒绝不是因为不喜欢,而是出于无奈。一位家长对记者说:"我的孩子面临中考。吃完晚饭他就开始复习功课,直到深夜11点左右。对于孩子来说,看课外书籍好像是很遥远的事了。其实我的孩子在读小学时非常喜欢看书,阅读范围也比较广泛。为了能够升入一个好的高中,现在我也不主张他再看功课以外的书了。"

据广西城市调查队日前对831名学生做的一次调查,有52%的小学生、56%的初中生每天在校学习时间超过国家规定的标准;54%的高中生每天在校学习时间超过10个小时;22%的初三学生、48%的高三学生放学回家后每天要写作业4小时以上。在校时间长、家庭作业多、课外补课忙,这些因素使中小学生成为时间紧张的大忙人。

"学校这样做也是迫不得已",北京某中学的高老师如是说。中考、高考升学率是考量一个学校教学质量的重要参数,是社会评价学校好与差的标准,学校建设的方方面面都是围着升学率这个轴心转。"别的学校在补课,你不补行吗?学生考不上重点高中、名

牌大学,做老师的,对学校、家长以及学生本人都无法交代。"她还说:"一部好的文学作品,有时的确能影响孩子的一生。但学业不及格,在当前的教育体制下,对孩子前途来说更是万万不可接受的。"

优秀的课外读物,孩子们愿意读,专家们主张读,教育部门也推荐读,但在现实中孩子们却没有时间读。这种教育目的和手段错位的现象,已经到了亟待解决的时候了。

 让课外读物融入孩子的生活

☆ *教育改革呼唤优秀的课外读物。*

应该看到,近年来随着基础教育课程改革的深入推进,出版界迈向素质教育的脚步清晰有力。许多出版社推出了一批有助于拓展学生知识面的读物。自从1995年党中央提出"科教兴国"的战略方针以来,参与编写甚至亲笔撰写科普读物已成为许多专家教授热心从事的一项工作。对于广大中小学生来说,一本优秀的课外读物,不仅可以培养他们的学习兴趣,还可以扩大知识面,增强观察、分析问题的能力,甚至可能改变他们一生的追求。以数学学科为例,在青少年时期打下好的数学基础和加强数学修养,将是一笔终身受益的资本。据专家分析,开拓学生的数学视野,目前主要有两条途径:一是从现有教材的知识中挖掘;二是从现代数学发展与应用出发,深入浅出地介绍一些适合中学生阅读的内容。因此教育改革在呼唤和影响着优秀的课外读物。

☆ *培养孩子去发现和阅读有价值的课外读物。*

为何在减负令下达之后,教辅书仍热卖不衰,而真正有价值的课外读物却卖不出去?是因为家长、老师把好孩子直接定义为能考上好的大学的孩子。好孩子往往埋头于各种课本、练习册和各类试卷,无暇接触课外读物,形成死读书、读死书的状况;不光是成绩差的学生因为压力大而紧张、恐惧、厌学、逃学、离家出走,就是成绩好的同学也会因为学习成绩的起伏而产生严重的焦虑心理。一些教育专家对此表示忧虑,他们认为,在大力倡导素质教育的今天,家长一味地将眼光盯在教辅书上,是不明智的。这类书通常只是教材的翻版,重复的习题训练,对于拓展学生的知识面并没有实际意义。学生知识结构的丰富与完善,光靠教材辅导书显然是不够的。有眼光的家长应当减轻孩子的压力,开拓孩子的视野,有意识地引导孩子多读各类课外读物,使孩子朝着健康的方向发展。引导孩子在学好课堂知识之外,去寻找更广阔的天地。当然,教师也有责任向学生推荐合适的书籍,新华书店也要转变观念,努力通过市场的营销手段,使好书尽快与读者见面。

☆为孩子们营造良好的阅读环境。

有人说,当今是一个读图时代。出版社出版了大量图文并茂的图书,为中小学生所喜爱,这是值得肯定的。但过多地出版(实际上是充斥)各种卡通类图书,也不是好的现象。一些图文并茂、包装精美的图书,只有少量的文字点缀。中小学生常读这一类书籍,久而久之,就容易对这种图书产生依赖,感受不到文字带来的乐趣。而且,一些经典文学作品,被改编成"快餐化"和"搞笑化"的读物,不说质量堪忧,就是格调也成了问题。这都需要引起社会重视并予以规范。不仅是社会、学校、老师、家长都要为孩子们创造一种良好的课外阅读氛围:一方面要求出版社把好图书质量关,坚决杜绝庸俗、色情和暴力内容的出现,多出版让中小学生真正喜欢阅读的课外书籍;另一方面要求学校和家庭加强对孩子们的阅读指导,共同营造良好的阅读环境。

好动不是多动症

儿童多动症何其多

由于心理学知识的普及,儿童多动症这一概念逐渐被人们所认识。但是,不少家长依然存在着把孩子的好动当做多动症的误解。

比如,有的孩子精力特别旺盛,总是手脚不停,家长因此心烦意乱,担心不已,以为孩子得了多动症。其实,孩子有比较听话的和比较淘气的两种。淘气是每个孩子的天性,好动则是淘气的一种表现。

而儿童多动症的症状主要表现为,除活动过多外,注意力还难于集中,情绪

不稳,有的有一些感知障碍(如动作笨拙、发音存在缺陷、口吃、吐字不清等)。多动症的病因有遗传、神经心理(如与中枢神经系统成熟延迟有关)、轻微脑损伤、生物化学(如与中枢神经递质代谢缺陷有关)、社会心理方面的因素。这些症状我们还将继续分析。

可见,日常生活中不少家长朋友把儿童的好动和儿童多动症画了等号,这就把儿童多动症的外延人为地扩大了。

 确诊儿童多动综合征

多动症是一种医学上称为儿童多动综合征的疾病表现,与一般的淘气完全是两码事。下面,我们一起来科学分析儿童多动综合征的症状:

多动

大多数患儿易兴奋,4~5岁以后出现多动情况,整天手脚不停、到处乱跑或长时间在室外游荡,睡觉时在床上也不停地翻滚,运动不协调,做精细动作困难。

分神

容易被其他事物干扰,难以持久地从事各种活动,做事有始无终,即使其他孩子认为很有趣的活动也难以从始至终地参与。

学习成绩差

患儿智力发育正常,但学习成绩不稳定,学习不主动,甚至有考试不及格和留级现象。

人格异常

患儿任性、易怒、好斗,并有贪玩、逃学、打架、说谎甚至偷窃等不良行为。

好动是儿童的天性,尽管有些孩子的确很好动,很像具有多动症的症状,但并非多动症。

 误诊儿童多动综合征

多动症之外造成孩子好动的情况有哪

些呢?

年龄特征

孩子年龄小,活泼好动,缺乏行为控制,是再正常不过的事。这是孩子和大人的一个最明显的外在区别。反之,小小孩童像个大人似的沉稳少动,倒真是令人担忧的事了。

气质特征

人的气质有不同的类型,有一种类型叫做多血质。多血质孩子的明显特点就是活泼好动,情绪不稳定,注意力和兴趣容易转移,做事常常不够专心。年龄越小,气质类型的特征就越明显。这也是很正常的事。

智力特征

人的智力是有差别的。有的孩子智力确实比一般孩子明显高出一截。这样的孩子和一般的孩子在一起上学,教学内容就会让他们"吃不饱",他们学有余力。这些多余的精力怎么办?孩子是不会安排的。于是,常常表现为不注意听讲,活泼好动,时间一长还会形成习惯。结果,没让人看出他们对学习有多聪明,却看到了他们的多动。相反,另一些孩子可能是知识上有了较多的缺漏,失去兴趣和信心,因而面对课本和作业难以集中注意力,总想做点别的活动。

教养习惯

有些孩子还会因为从小教养失当,养成了不能安静的习惯。习惯一经形成是很难改变的,也常常表现为多动。

标签效应

人的心理行为的发展有个很奇怪的现象,就是常常按照自己期望的方向发展。说得通俗一些就是,认为自己是个怎样的人,自己就常常成为怎样的人。孩子呢?更是如此。只是孩子是从大人那里学来的。就是说,大人认为孩子是个怎样的人,孩子常常就成为怎样的一个人。正因为如此,孩子常常会来证实大人的评价似乎总是有根据的。因为孩子还不知道自己究竟是怎样一个人,大人的评价常常形成孩子的自我认知,于是就朝着大人评价的方向发展了。这时,大人的评价如同一个标签,所以心理学上把这种现象称为标签效应。就是说,有些孩子的类似多动症的表现,是大人不经意间经常地评价培养出来的。

五、家庭教育内容问题

区别好动与多动

儿童的好动和儿童多动症似乎一样,其实是不难区别的。

有无目的性

好动儿童的活动是有目的的、有序的;多动症儿童的活动是无目的的、杂乱的。

有无离奇性

好动儿童即使特别淘气,他的好动也并不离奇,能为人们所理解;患多动症儿童的多动,则离奇得让人难于理解。

有无选择性

这一条是最为关键的。好动的儿童常常在活动内容和场合上具有选择性,比如在学习活动上表现为好动,而在看电视或做游戏等孩子自己感兴趣的活动上,则能专心致志;多动症儿童在活动内容和场合上是没有选择性的,不论什么场合、什么活动都不能使其安静下来全神贯注,都会表现出多动、注意力不集中等症状。

为此,一方面家长教育孩子要有平常心,对孩子多一些理解,少一些盲目,不轻率地给孩子贴上消极的标签。

> **专家提示** 孩子身上的问题是父母轻率地"贴标签"给贴出来的,是标签效应的结果。只要您把"孩子学习不专心"挂在嘴边,孩子准能成为学习不专心的孩子。

另一方面,具体问题要具体对待。孩子好动是年龄特征或是气质特征的表现,可以忽略不计,适当引导就行了;孩子好动是智力超常,可以和老师或有关方面联系,对孩子采取特别的教育措施;孩子的不专心是由于出现学习障碍,就得想办法给孩子补课;孩子难于安静是由于习惯,就应着意从培养习惯入手。

当然,有句话叫"冰冻三尺,非一日之寒",孩子的问题也不是一朝一夕形成的。要仔细观察自己孩子的言行,认真区别其正常与不正常,与其误判,不如主动请教教育或医学方面的专家,接受指导,科学育儿,孩子就一定能健康成长。

空白的心理断乳期

为什么孩子越大越不听话？

女儿是在我无微不至的呵护和关爱中逐渐长大的，可她上初中后，与我的交谈逐渐少了。我问学校里的事，她只一句"你不知道"就打发了我。有一天，我发现女儿的抽屉上了锁，难道年仅14岁的女儿就有了隐私？趁她不在家的时候，我弄开了抽屉，发现里面有一本记载学校生活的日记、几张明星照片、一本琼瑶写的小说和一些小玩意儿，并没有什么出格的秘密。为此，女儿与我大吵了一场。从此，那个知心知意的女儿似乎飘然离我远去……

上述情境，很多做母亲的都似曾相识。

孩子都有心理断乳期

当告别童年步入少年时代，您的孩子就进入了人生的心理断乳期。在这一时期，孩子独立意识、思维能力增强，自我意识开始发展，内心世界变得丰富，有了独特的想法、看法和对未来的向往，但他们又担心自己被人视为幼稚、可笑，于是这些东西便成为深藏在他们心中的隐私。其实，这是孩子心理日趋成熟的一个标志。

就在这个心理断乳期，孩子开始发育了，生理上在变，心理上也在变。家长会发现，不知从什么时候起，孩子变得不听话了，你要向东，他偏要向西。这种现象，心理学上称之为逆反心理。

这个时期的孩子，强烈要求别人把他们看做成人。如果家长还把他们当孩子来看待，他们就会厌烦，就会觉得自尊心受到了伤害，就会产生反抗的心理，萌发对立的情绪。同时，这个时期的孩子，尽管自我意识发展了，但自我控制能力还很差，常会无意识地违反纪律。他们喜欢与人争论，但论据不足；喜欢发表见解,却判断不准;喜欢批评别人,但容易片面;喜欢怀疑别人,却又缺乏科学依据。

因此,在进行家庭教育的过程中,父母必须正确理解孩子的成长心理,循循善诱。

第一,父母要学习一些心理学知识,培养孩子的抗挫折能力。

父母满足于表面上了解孩子是不够的,必须了解心理断乳期的实质。心理断乳期实质上是青少年随着身心的发育,逐渐从依赖于父母的心理状态中独立出来,自己判断、自己解决问题的时期,这是一个人的社会化过程。**父母要注意与他们建立一种亲密平等的朋友关系;要相信孩子有独立处理事情的能力;要爱护孩子的自尊心;要尽可能地支持他们,尤其在他们遇到困难、失败的时候,帮助他们分析原因、明辨是非、正确处理,培养孩子抗挫折的能力。**当然,父母也不能过于迁就孩子的不合理要求和不良行为,以防止孩子今后总是用反抗的方式来要挟父母,达到自己的目的。对于比较严重的反抗行为,父母可以采取奖励、训练的方法,强化孩子的顺从行为。

第二,教育方法适当,以纠正心理偏差。

逆反心理是人对某类事物或现象产生厌恶、反感的情绪,做出与该事物发展背道而驰的行动的一种心理状态。**孩子的逆反心理是一种消极的抵抗心理,这种心理一旦产生,就会形成一种固定的思维模式,对父母、老师的教育乃至别人所有的言行都持否定的态度,使教育达不到预期的效果。**久而久之,逆反心理还可能导致矛盾激化。因此,父母一旦发现孩子有了逆反心理,应及时采取措施,予以疏导。

天津大学附属小学一名一年级女同学,平时课堂上做数学习题总是最后一个完成。数学老师兼班主任就当着全班同学的面,气急败坏地说"你是全班最笨的学生",并让她当众承认。这名学生的自尊心、自信心受到严重的伤害,从此以后她对数学老师产生逆反心理,一上她的课就开始捣乱。

这个例子说明了逆反心理的根源,我们的父母和老师要善于及时防止逆反心理萌芽,采取有效措施去解决。

第三,培养孩子的独立能力,感受真正的幸福。

老一辈的人经常语重心长地对后辈说："比起我们来，你们可幸福多了。"他们所说的幸福，多半是指物质生活的幸福。对青少年来说，幸福究竟是什么呢？幸福是一种感受，是不依赖物质而存在的，也不是稍纵即逝的暂时快感；而是克服眼前困难，在心理上战胜自我，取得巨大胜利以及由此带来的自豪感和成就感。

青少年企图在心理上摆脱对父母的依赖，并不是一件轻而易举的事。一是因为青少年尚未完全成熟，在认识、情感、行为方式上，均未摆脱孩子气，缺乏必要的知识和能力，其他方面也不具备充分独立的条件。二是现在许多家庭、学校不注意培养孩子的独立能力，为一味追求升学率而让他们远离劳动和社会实践活动。三是在我国传统的家庭关系中，父母一般不鼓励子女尽早独立，特别是许多家长对独生子女过度溺爱，百般爱抚照顾，致使一些年轻人产生很强的依赖性。四是社会对青少年的独立性、自主性和创造性的鼓励不足，这也是一个重要的因素。因此，今天的孩子能实现从依赖父母到独立，安全地度过心理断乳期，避免消极的逆反心理，这种感受是幸福的。可见，幸福是超越自然感官限制而获得更大价值的精神愉悦。

进入被遗忘的心理角落

要使青少年顺利地度过心理断乳期，需要注意如下几个方面的问题：

☆ *要引导孩子多征求与听取父母和长辈的意见。*

父母与长辈的知识、经验毕竟较多，生活阅历丰富，看问题一般来说也比较全面。因此，孩子在遇到了诸如升学、恋爱、就业等重大问题的时候，要引导他们多征求与听取父母的意见，作为自己选择生活道路、选择朋友、解决重大问题的参考，这样做是大有裨益的。有些孩子所理解的"独立"，就是把父母抛在一边，自作主张，甚至跟父母对着干，这样做对他们的成长是不利的。独立意味着自己既要有主见，也要善于听取别人的意见，哪怕是不正确的意见。

☆ *要引导孩子从身边的小事做起。*

因为从依赖父母到获得独立是一个循序渐进的过程，开始应从小事做起，从而逐渐培养自己独立处理问题的能力，增强自信心。有了这样的基础，生活上真正的独立也就水到渠成了。

☆ 要引导孩子做到自尊、自信、不气馁。

青少年在争取独立的过程中,会遇到一些困难,出现一些问题乃至错误在所难免,不要因此而自暴自弃,丧失信心。一个人独立生活的能力是在实践中发展起来的,所谓"吃一堑,长一智"。经历的事情多了,就会使人坚强起来。这就好比小鸟,翅膀慢慢丰满起来,才能飞得高,飞得远。

☆ 要从家庭、社区、舆论宣传等方面共同做好孩子的心理健康教育。

加强青少年心理健康教育十分迫切,要充分挖掘社会各界的人力、物力资源,在各地建立一套面向未成年人的心理服务系统。这套服务系统应该包括:社会、社区、学校三级服务网络,以及热线电话、面询、书信等多种服务形式。这套心理服务系统的作用是,在未成年人产生心理问题或者发生心理危机时,能够得到及时、有效的指导和帮助,配合家庭,配合父母做好孩子的心理健康教育,把空白的心理断乳期教育填补起来!

六、家庭教育方法问题

处理同样一件事,不同的方法会有不同的结果。培养出优秀子女的父母,未必能把孙子辈调教好;说几句夸奖话,却不明白口气略有差异就会有"鼓励"和"表扬"的区别;为什么传统的孝子教育今日成了"孝"子实践;餐桌上教子有提倡也有反对,莫衷一是;父母陪读,结果使孩子失去了自立能力。家教方法的重要性是不言而喻的。许多家长向专家讨教了教子的"处方",但同样的"处方"效果却又常常因人而异。

授"渔"而非"鱼"

这个标题要阐述的是,父母要教育孩子学会捕鱼的方法,而不是只交给孩子已经捕捉上来的几条鱼。

灌输,造就高分低能儿

2004年,澳大利亚、新西兰、印度、中国、中国香港等9个国家和地区参加的"未来家庭娱乐产品概念设计大赛",中国共有20所学校1300多名选手参赛,可谓阵容强大,气势磅礴。然而,比赛结果却令人寒心。两个组的冠军、亚军、季军,中国孩子连边也没沾上,最后只获得一个带有鼓励性质的纪念奖。在人家闪耀着想象大胆、构思独特的作品面前,中国孩子的作品显得那么苍白,缺乏独创性,

这怎能不令中国的家长们感到震惊!

中华民族是一个富有智慧的民族,中国孩子智商高,在各类知识性考试中往往是出类拔萃的,但中国孩子的思考力和创造力为什么不如人家呢?

常听到家长这样说:"上小学时,我的孩子智力、成绩都挺好;到了初中,觉得他学习也很用功,可成绩上不去,这可怎么办?"也有的学生问:"我觉得自己智力不比别人差,每天和别的同学一样紧张地学习,可成绩不理想,这是怎么回事?"他们的抱怨反映了同一个问题:孩子的智力其实没有多大差异,之所以出现不同的学习效果,这需要从学习方法、学习习惯上去找原因。

 教育就是教人去思维

知识与思维有着密切的联系,但决不是同一个东西。有些孩子非常善于思考,很有创造力,但考试成绩可能很一般;有些孩子的考试成绩非常好,但不善于独立思考,没有创造力,所谓"高分低能"就是指这类孩子。因此,孩子读书、学习,有着双重的目的:一是掌握知识,一是发展思维技能。大多数父母往往注意前者而忽略后者。"教育就是教人去思维",这句话其实很有道理。所以,在家庭教育中,家长应注重培养孩子的思维能力、创新能力。

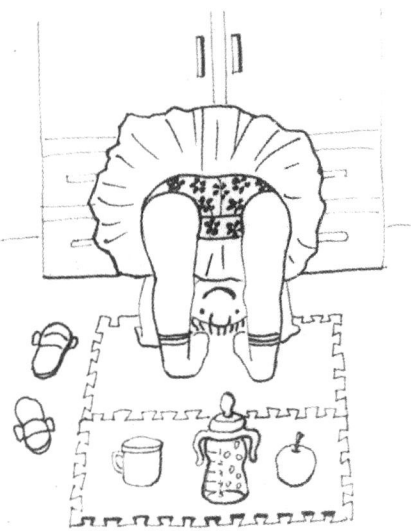

☆*教育孩子,创新思维比知识更重要。*

"创新是一个民族进步的灵魂,是一个国家兴旺发达的不竭动力,也是一个政党永葆生机的源泉。创新就是要不断解放思想、实事求是、与时俱进。"这段话深刻地揭示了创新的重大意义。但创新意识不是与生俱来的,需要从小开始培养。

*教人以知识,教的是一种结果、一种结论。知识并不能代替思维,如同思维不能代替知识一样。*在实际生活中,知识的学习是永无止境的,所以我们需要思维。创新是一种思维能力,但它并不是漫无边际、天马行空式的胡思乱

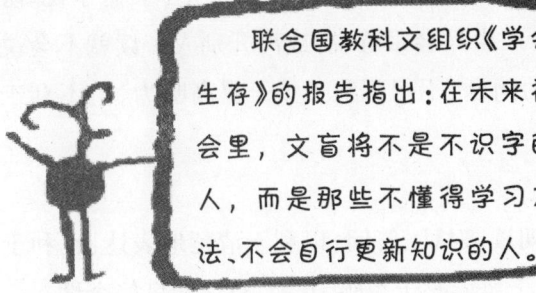

联合国教科文组织《学会生存》的报告指出：在未来社会里，文盲将不是不识字的人，而是那些不懂得学习方法、不会自行更新知识的人。

想，而是需要能提出问题、解决问题、创造新事物、帮助人适应环境的能力。相对来说，并非比较聪明的人就一定有较高的创造力。历史上很多有成就的人，本身智商不一定很高，学习也不一定很优秀，但因为他们点子多、善思考，遇到问题决不放弃，所以干事业反而比一般人容易成功。父母教育孩子，就要保护孩子的探索精神——创新思维。

☆ *教育孩子，关键在于培养良好的学习方法和习惯。*

养成良好的学习方法和习惯是很重要的。

叶圣陶先生也说："**教育就是要培养良好的习惯。**"每个孩子学习的共同目的，是既要掌握基础知识、技能，更要培养创新精神和实践能力。这就要求家长和教师既要帮助孩子改善学习方法，完成学习目标；又要培养孩子良好的习惯，为将来走入社会做好准备。

<u>多数学习成绩不好的学生，都存在着没有好的学习习惯、不能掌握正确的学习方法的问题。</u>主要表现在<u>学习无计划</u>，他们整天<u>被动地应付</u>老师布置的作业和考试，老师不说，就不知道做什么；每天忙于背诵概念、定理、习题答案，<u>死记硬背</u>，不探究来龙去脉，不考虑互相联系，<u>不思考怎样应用</u>；不合理安排时间，<u>效率低下</u>，或松松垮垮靠别人督促，或忙忙碌碌，却忙不到点子上。

习惯的力量巨大而持久，许多重要的事情正是靠习惯的力量去完成的。家教的主要内容之一就是家长要帮助孩子养成良好的学习习惯。良好的习惯可以养成。比如，国内外有研究人员认为：3~8岁是孩子学习外语的关键时期，而幼儿期和儿童期也是良好习惯形成的关键时期。可以说，在少年儿童学习英语的过程中，家长让孩子养成良好的学习习惯，比让他们多学到一些知识或得到好的分数要重要得多。培养孩子形成良好的学习外语的习惯，掌握合适的学习方法，可以通过以下几个方面来因势利导。

认真听，耐心听

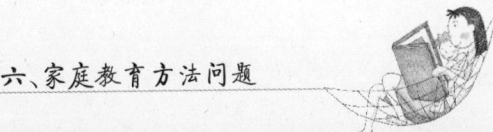

家长要不断鼓励孩子先用心听录音,听准了,听会了,再跟着读,不要急于说。防止刚刚开始听就急于跟着说,这样做会产生只会跟着说,或离开别人带读就不会说的问题;防止出现因听不准而说不准的问题,不但不利于孩子提高听力,也不利于读说能力的培养和提高。

大声说,不害羞

家长要不断鼓励孩子勇于大声地朗读、对话、答问,以利于清楚地表达,也利于他人纠正孩子语言表达的错误,更有利于培养孩子大胆、开朗、自信的良好个性。

多举手,多练习

家长要不断鼓励孩子在课堂上积极举手发言、回答问题,争取参与情境表演等课堂练习的机会,这样做能得到教师、同学及时的、更多的指导和帮助。

大胆动作,"言行一致"

人们的语音语言和身体语言是相辅相成的。做动作可以帮助孩子理解语言,表达语言,也有助于记忆。家长还要不断鼓励孩子去发现看图说话中的新东西,大胆地自创自编动作和对话,让他们在做中学、在发现中学、在笑中学。这样的学习对于发展孩子的想象力和创造性,完善孩子的个性,都是很有益的。

"十学会"与人的全面发展

素质教育是个性全面发展的教育,培养孩子的健全人格,促进人的全面发展。一位特级教师曾经总结出要让孩子"十学会":

学会做人、学会自律、学会学习、学会思考、学会合群、学会审美、学会创造、学会健身、学会生活、学会劳动。

"十学会"的目标就是要求孩子做到全面发展,避免儿童智能过早地偏于某一方面的发展。"十学会"为父母在实施家教时指明了方向,提供了切实有效的内容。为此,要树立"人人有才,人无全才,扬长避短,人人成才"的人才观;把握不同孩子的资质和潜质,因材施教;要尊重孩子的个性差异,促进个性发展和人格社会化。在轻松的环境里使孩子养成良好的学习习惯,掌握良好的学习方法,逐步培养创新能力,把每一个孩子培养成社会所需的有用之才。

把握批评的艺术

父母对孩子的批评对孩子的人生发展方向起着一个"舵"的作用。不正确的批评方式会把孩子引向父母所期望的反面,只有正确的批评方式才能达到批评的效果,帮助孩子健康快乐地成长。

现实生活中的多数父母并不理解批评的含义,他们通常在批评孩子时只是指出孩子的不足,或是挑孩子身上的毛病;有的家长虽能肯定孩子的优点,可转而一个"但是"就让孩子感觉父母对自己的表扬并不真诚。以下是日常生活中我们经常可以看到的批评情景:

情景一:我跟你说过多少回了,做事要小心,你怎么就不长记性呢?错一两次也就算了,怎么会无限制地错下去?你再发生这样的错误,妈妈就不喜欢你了。这是最后一次,以后我再也不反复跟你说了。

情景二:你怎么成绩这么差,家长会上老师指名道姓地批评你,我在你的座位上如坐针毡,脸都被你给丢尽了。你看看人家隔壁的小明,每次考试都不出前三名,看她妈在众人面前多光彩。你怎么就不知道给我争点儿气呢?下次考不好就别再回来了。

情景三:你这个孩子倒是蛮聪明的,但为什么不用在正道上呢?还有一年就要高考了,你不想想怎样考上一个好学校,反而整天在网上转悠,打游戏能打进大学吗?你为什么总把我们的话当耳旁风?你还是人不是人?

以上的批评结果会怎样呢?

情景一:父母批评的话几乎断绝了孩子寻求改进的路,因为批评通常在事后发生,只凭过去的表现就下定语等于不给孩子改正的机会。

情景二:孩子听了父母批评的话会觉得改正自己的行为对父母有好处而意识不到自己会从中获利,这样她(他)怎么会花力气去改正呢?万一下一次没考好,很可能会导致孩子离家出走。

情景三:父母批评的话会让孩子受窘、受辱,羞辱人的批评把人与事混为一谈,而且以偏概全,这种方式既鲁莽不当,又会起反作用。

其实，批评含有品评、判断、指出好坏的意思，目的是借沟通、影响、鞭策使受批评者能有积极的改善行为。家长批评的动机不应该只是表示不赞同、不满意，甚至只是为了发泄一下自己的不良情绪，而应该借助言语鼓励促进孩子个人成长。因此，批评中类似嘲笑、讽刺、"马后炮"的话一概要摒弃。

有时候不指出孩子的错误，而是告诉他们正确的做法，效果反而会更好。

记得有这样一位母亲，她有一个十分调皮的儿子。一次家长会上，老师对她说："你儿子有多动症，上课总是坐不住。"儿子知道老师一定会告状，所以回到家他显得惴惴不安，连大气都不敢出，等着妈妈发落。谁知妈妈拉过儿子和颜悦色地对他说："儿子，老师今天表扬你了，说你原来只能坐一分钟，现在你能坚持三分钟了。你要继

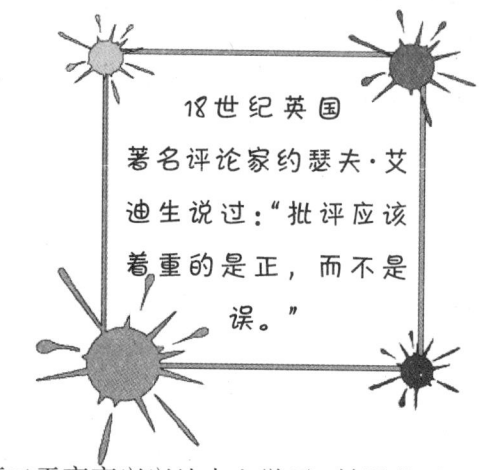

18世纪英国著名评论家约瑟夫·艾迪生说过："批评应该着重的是正，而不是误。"

续努力！"儿子一颗悬着的心终于放下了，第二天高高兴兴地去上学了。转眼儿子上了初中，一次家长会上，老师又说她儿子是黄鱼脑袋，成绩差。妈妈回到家却对儿子说："老师今天表扬你了，说你的进步比你的同桌大，你从三十几分一下子上升到六十几分不容易，而你的同桌从六十几分到七十几分只进步了十几分。虽然你的成绩还比他差，但老师相信你一定会超过他。"在妈妈的一再鼓励下，儿子最后考上了名牌大学。试想一下，如果当初这位母亲做个传声筒，把老师的话直接讲给儿子听，那么今天增加的一定是个厌学者，而不是一个大学生。

对于领悟能力较强的孩子，不妨学学著名教育家陶行知的做法。

陶行知在担任育才学校校长时，有一次看见一个学生从地上捡起一块砖头要砸向另一个同学时立刻制止了他，并要这个学生去他的办公室。学生忐忑不安地来到陶校长的办公室，陶校长拿出一颗糖说："这是奖励给你的，因为你尊重我，听了我的话。"然后掏出第二颗糖说："这也是奖励给你的，因为你很守时，准时到了我的办公室。"学生大感意外，惊诧之际，陶校长又拿出第三颗糖说："这还是奖励给你的，因为据我了解，是一个男生欺负一个女生，你才拿起砖头砸人的，应该奖励你的正义感。"这时这个学生声泪俱下地说："校长，我知道自己错了。"陶校长再一次掏

出一颗糖说:"敢于承认自己的错误,这第四颗糖也是奖励给你的。我的糖发完了,我们的谈话也结束了。"四颗糖的故事已成为批评教育中的经典。如果陶校长当初不问青红皂白就把那个男生训斥一顿,甚至因此把他开除,那么他不仅不会认识到自己的错误,而且可能会犯更严重的错误。

家长在批评孩子时一定要对事不对人,同时要把主观意见与客观事实区分开来。

豆豆在家玩耍时,无意中在桌上发现了妈妈的金项链,她觉得很好看,就拿着去玩了。等妈妈想起项链没放好时,项链已经不见了。妈妈问豆豆:"桌上的项链哪里去了?"豆豆说:"是一根金绳子吗?我把它丢掉了。"妈妈一听气得暴跳如雷,大声责怪孩子说:"你怎么可以这样子,你知道这东西有多贵吗?"豆豆被妈妈吓得哇哇大哭,但她根本不知道自己错在哪里,妈妈为什么对自己这么凶。相比之下,贝贝就要幸运多了。当贝贝的妈妈发现自己的金项链被儿子弄丢时,并没有对他破口大骂,而是低声对儿子说:"贝贝,妈妈很爱你,可你把妈妈的东西弄丢了,妈妈很伤心,因为这是你爸爸送给妈妈的结婚礼物。"听了妈妈的话,贝贝立即向妈妈道歉:"妈妈,对不起,我来帮你找找吧。"结果在废纸篓里找到了金项链,母子俩高兴地笑了。

相同的事件,不同的处理方式,其结果就大相径庭。明明是对丢项链的事感到愤怒,却把孩子给扯上了,这会给有些孩子的心灵上蒙上一层阴影,也许长久都抹不去;把人与事分开,准确地表达自己内心的感受和想法,才会使孩子及时改正自己的错误行为。

即便是对事不对人,家长也不要在众人面前批评孩子。

俗话说:"打是疼,骂是爱。"不少家长明明很爱自己的孩子,却会以另类的方式表达,在众人面前谦虚一番,数落自己孩子的不是。

小强就有这样一位母亲,她喜欢在众人面前批评小强,批评起来一点情面也不留,而且什么狠就说什么,周围人越多,她批评得就越起劲,这让小强受到的打击特别大。在小强看来,母亲眼里的自己是个一无是处的坏孩子。他想证明给母亲看自己是有长处的,学习不行,玩游戏自己行。于是小强整天想方设法往网吧跑,终日沉溺于网络游戏,打得昏天黑地,级别越来越高。玩伴纷纷夸奖他,还向他请教,小强心里得到了一点平衡,但从此染上了网瘾,无法自拔。其实小强母亲当众批评他是

六、家庭教育方法问题

没有恶意的,她希望小强在众人的压力下能变得好些,可她却根本没有考虑小强的感受。

青少年比较关注自己的形象和别人的评价,家长不分场合地数落孩子的不是,他们的自尊心会受到很大伤害。对于特别自负的孩子,适当暴露一下他们的缺点有利于孩子进步;但对于内向的孩子,暴露缺点反而会使他们自暴自弃,这样的孩子需要赞美、表扬、鼓励。家长要随时看到孩子身上的闪光点,孩子才会朝着家长所期望的方向努力。

人非圣贤,孰能无过?每个人在人生的旅途中都会犯错,尤其是孩子,由于社会经验的缺乏和心智的不成熟,他们犯错误是难免的。作为家长,只有用爱心、耐心去宽容孩子成长道路上犯的错误,给他们重新改正的机会,孩子才不会误入歧途。

说善意谎言莫紧张

诚信包含诚实和守信两个方面:诚实是守信的基础,守信是诚实的外在表现。诚信是做人的基本准则,是公民道德的一个基本要求,是一种社会资本,它对日常的经济活动、人际交往、社会稳定等等都会产生影响。然而,诚信并不等于不说谎。

可以说,**世界上不存在没有说过谎的孩子。**

3岁的明明看见桌上有一个鲜奶蛋糕兴奋不已,这可是明明最喜欢吃的东西。闻到蛋糕的香味,他忍不住了。他不知道那是妈妈买来送人的,打开盒盖就津津有味地吃了起来,听到妈妈的脚步声,明明马上盖上盒子。妈妈问明明:"你吃过蛋糕啦?"尽管当时屋里没其他人,明明的嘴角还留着奶油痕迹,可明明却使劲地摇头否认自己吃过。

6岁的小宇和小朵是同班同学。小宇是家里唯一的孙子,由于家境富裕,小宇家里的玩具应有尽有;而小朵由于父母下岗,日子过得比较艰苦。一天,小宇向同学介绍家里的玩具时显得扬扬得意,尽挑高档的说,不少同学流露出羡慕的眼神。小朵有些嫉妒,为了吸引同学的目光,她把平时在橱窗里看到的高档娃娃都说了出来,声称家里有。小宇不甘示弱,向小朵挑战说:"明天我们都把玩具带来。"小朵马上接口说:"带就带。"有同学知道小朵家的状况,就冲着她说:"吹牛。"

上初中的小梦在一次考试中不仅偷看了自己带的字条,还抄袭了同桌小丽的试卷,被监考老师发现。当班主任来调查此事时,小丽却说:"不知道。"坐在另一侧的小燕则避重就轻,略去重要情节,使老师无法了解事情的真相,不能做出正确的处理。

说谎有多种原因,有的可以理解,有的则不能宽容。

在明明看来,只要自己说没动过蛋糕就能避免受妈妈的惩罚,于是他说了谎。这是可以理解的。因为孩子2~3岁时认知和语言能力的发育都不成熟,还看不出自己的行为和言语之间的直接关系,他们只知道自己的行为不对,却不知道说谎也是错误的。

5~6岁的孩子分不清想象世界和现实世界,他们常常把想象当做现实,把自己不曾拥有的东西当做已经拥有的。就像小朵,为了向同学炫耀或为了得到自己想要的东西,她也说了谎。

青少年说谎是为了保护隐私、避免尴尬,怕原有良好的人际关系遭到破坏或怕被人说成"叛徒"、"出卖他人"。小丽、小燕也许这样想:"这不关我的事,有本事中考、高考也去抄。"但孩子们不懂,在重要问题上说谎,不仅会使老师处理起来很困难,浪费时间,而且也是对同学不负责任的一种表现。

家长是孩子的第一任老师,孩子所接受的诚信教育是从父母开始的。父母通常会对年幼的孩子说:"不能说谎。说谎的孩子是坏孩子。"并以匹诺曹的故事教育孩子,说谎的孩子鼻子会长长;以"狼来了"的故事告诉孩子说谎所带来的不良后果;赞扬列宁小时候在姑妈家打碎花瓶后主动承认错误的做法。孩子由此觉得应该做个不说谎的孩子,并且要求其他人也不能说谎。4岁以后的孩子一旦发现别人说谎欺骗自己会非常愤怒,他们对真实的追求达到一种狂热的地步。

军军的父母答应周六带他去上海动物园,军军高兴极了,逢人就说周六要去看狮子、熊猫、大老虎。可不巧的是,军军周五晚上发起了高烧,天公也不作美,下起了大雨,军军的父母为了儿子的健康,决定改日再带他去,可军军不乐意了,他坐在地上哭闹不停,还一个劲地责怪父母说话不算数,欺骗自己。

心理学家研究发现,5岁时92%的孩子认为说谎不对,75%的人说自己从未说过

谎。到11岁时,只有28%的人认为说谎不对,没有人宣称自己从未说过谎。随着孩子年龄的增长,家长要帮助孩子正确理解谎言的含义。**谎言有善意和恶意之分:如果说谎的目的是自己想从中牟利,那么这种谎言就是恶意的,是我们应该摒弃的;如果说谎的目的是为了他人的利益,甚至还要牺牲自己的部分或全部利益,那么,这种谎言是善意的。**同时,家长要教会孩子区分谎言的类型和轻重程度。为了逃避惩罚而说谎是最坏的,如把父母给的学费和零花钱都拿去上网了,却说自己的钱包被小偷偷走了,或是被别人抢了;为了博得父母的同情,还在身上制造一些搏斗的痕迹,以免受父母的责骂甚至暴打。为了不伤害别人的感情而说谎是可以接受的,如晓玲换了个发型后看上去比原来老气不少,为了不伤害她,好友就说"换一种发型就换了一种风格"。为了帮助别人而说谎是可以原谅的,甚至是高尚的,如因见义勇为遭殴打,脸上、身上都出现了明显的伤痕,为避免父母担忧就说是自己"路上不小心摔的"。

善良的谎言在现实生活中是不可缺少的,它是调节人际关系的一种润滑剂,值得提倡。很难想象,面对一个行将死亡的病人,你会告诉他(她)"你将要死了"。不会说谎的人很难在人际交往中显得游刃有余。

晶是一位主管,从小在父母的严厉管教下说起话来丁是丁卯是卯,从不会拐弯抹角,工作中当别人做得不够好时,她会直截了当地说:"你这样做是不对的,我来教你。"她的下属虽然心里不舒服,但为了保住饭碗也只好忍了;可是晶的同事不买她的账,觉得晶不可理喻;晶的上司更是忍无可忍。最后晶因经常与人发生冲突,工作无法顺利展开,只好辞职。晶满腹委屈,不知自己错在哪里。"自己真心诚意地对待别人,怎么就没得到好报呢?"晶百思不得其解。事实上,晶犯了一个理念上的错误。在她看来,人应该追求真实,任何脱离实际的说法都是不对的。晶的理念来源于父母对她早期的诚信教育。

其实,家长有责任教孩子学会婉转地表达自己的想法,并让孩子明白:**诚信不是不说谎,善意的谎言是必要的。**

但是,**家长绝不能给孩子制造说恶意谎言的环境**。有的孩子说谎可以说是被父母逼出来的。

星星的父母是高级知识分子,两人都毕业于名牌大学,他们在学习上对星星的要求特别高,每次考试一定要保证第一,不然的话,轻则骂,重则打。星星算是个争气的孩子,大多情况下他都能夺冠,但天下哪有常胜将军?偶尔考第二或第三,为了避免父母的惩罚,他要么自己涂改成绩,要么就谎称自己是第一。可谎言终究是谎言,有一次父母正巧碰到星星同学的家长,聊起孩子的成绩,谎言被拆穿。回到家,父母把星星打了一顿,星星虽感到委屈,但还是暗自庆幸少挨了几顿打。孩子一旦在说谎中获益,就会持续说谎。

父母不能给孩子制造谎言的温床,而是要与孩子以诚相待,经常做有效的沟通,让孩子知道恶意的谎言是对说谎对象的不尊重,更重要的是会增长人与人之间的不信任感。

父母要为孩子做出榜样,要求孩子做到的,自己必须先做到。孩子的模仿能力很强,模仿的对象通常就是自己的父母,父母的为人处世、待人接物等方式都会成为孩子学习的内容,所以诚信的家庭大多能培养出诚信的孩子。父母不诚信,则对孩子的负面影响很大。

研究表明,经常说谎的孩子往往出自经常说谎的父母的家庭,长期说谎的孩子还会有反社会行为,如霸道、偷窃等等。因此,为了孩子的健康成长,父母首先要做一个诚实的人,不要在孩子面前编瞎话,对超越孩子理解能力的谎话,说的时候一定要回避孩子。

 ## 该做主时不做主

让孩子自己做主并非让他们为所欲为,想干什么就干什么,而是要让他们学会对自己负责、对社会负责。一个凡事都由父母拿主意的孩子是不会有出息的。

由于现在的家庭大多数是独生子女,有的甚至几代单传,家长便对孩子过度疼爱,孩子自己能做的事不让做,孩子不想做的事更是包办代替。据山东某小学对五、六年级学生的调查显示:早晨起床不叠被子的达38%,早晨起床要家长督促的达70%;69%的家长反映,双休日孩子爱睡懒觉;据教师反映,55%的学生不会做家务,46%的学生怕脏怕累,劳动中有偷懒思想。不少学校家长替孩子做值日生的事不算

新鲜,尤其是在低年级的学生中。在每年的大学新生入学时,90%以上的学生都有家长护送。2006年各大媒体报道,一人上大学平均有四五人陪着,竟然出现没有经济能力住宿的家长睡在学校操场上的现象,一些大学生对此还不以为然。事实上,剥夺孩子做事的机会,不仅剥夺了孩子面对困难、解决困难的机会,也剥夺了孩子成长的机会。

在有的家长眼里,只要孩子学习好,不做家务算不了什么,将来赚了大钱请人做就是了。孩子深受这种思想的影响,平时除了学习就过着饭来张口、衣来伸手的日子,以至于上了大学还不会或不愿意打理自己的生活。四川某大学一寝室学生每人出60元,请钟点工每周打扫一次卫生并帮助洗衣服。其实,孩子的生活内容不仅仅是学习,家务也应是孩子生活的一部分。

社会学家的调查表明,会做家务的孩子将来生活比较幸福。假如把人生设定为一个圆,那么可以发现,人生的内容越丰富,人生也就越圆满。一个手指弹出的乐曲一定不如十个手指弹出的乐曲和谐。**木桶原理告诉我们,一个木桶盛水的多少,取决于木桶中最短的一块木板。**可我们的家长似乎并没有意识到这一点。

香港大学的一些学生寝室都配有齐全的生活设施,如厨房、冰箱、微波炉、烤箱之类的东西;美国的一些大学每学期放假都要求学生搬离寝室,自己到外面租房,这在我们的父母看来绝对是多此一举。倘若在内地高校实施,不要说学生不乐意,父母也一定会有意见。事实上,对孩子过分监督和关注,只会造成孩子的脆弱和无能。个别中国学生因为适应不了美国的生活,只好放弃深造而回国,这不仅是孩子个人的悲哀,也是家庭和社会的不幸。如果父母只要孩子学习好,其他所有的事都可不做,那么,孩子就不可能享受到完整的人生,这是一件多么令人遗憾的事啊!

有的父母认为,对孩子照顾周到那是负责任的表现,只要孩子吃好、穿好、学习好,自己至少算个合格的家长了。全然不顾孩子内心的感受和渴望自立的愿望,最终不仅孩子要为这种"爱"付出代价,父母同样也要付出代价,而且这种代价有时是极其昂贵的。

小杰2006年以628分的成绩被上海某重点大学录取,可他却怎么也高兴不起来。拿到大学录取通知书的那天,他冲进厨房抓过妈妈正在切菜的刀对着冬瓜一阵乱砍,以发泄心中的不满。原来小杰早就向往北京,对那里的高校也一直情有独钟,想到2008年奥运会要在北京召开,想到北京高校收费比上海同类型的高校便宜,想到可以摆脱父母严厉的管教,他便执意要去北京读书。可父母不乐意,因为北京离家远,儿子的生活能力不强,照顾起来不方便,况且同类型的学校上海的招生名额比北京多,录取的几率就比较大。在父母的逼迫和周围人的压力下,小杰只好填报了上海高校。成绩下来后,他的分数超过了心目中理想大学的录取分数线,这下他郁闷极了。小杰说要摆脱现在的情绪状态大概需要一年的时间。一年里他能否走出这段阴影还是件令人担心的事,但愿小杰不会做出一些傻事来报复父母。可以说,小杰是爱的牺牲品。

不让孩子做主的根源在于对孩子的不信任。"这么小的孩子,他(她)懂什么?""孩子还没成年,怎么能什么都由他(她)说了算?""我吃过的盐比你吃过的饭还多。不听老人言,吃亏在眼前。""看看你都做成啥样啦?还是我来吧,真是越帮越忙。"这是我们在日常生活中经常能听到的话。一些家长对孩子一百个不放心,除了不能替孩子考试外,几乎包揽了所有的事情:除一日三餐照顾得细致入微外,洗衣、叠被子、打扫房间样样干,个别家长甚至还会替孩子做作业。即便是进入大学后,孩子一遇上麻烦事,家长也会冲在前面,替孩子解难。为孩子补考事宜,家长可以特意从外地赶到孩子所在学校与教师沟通;为成绩,家长可以三番五次地到校与教师商量;成绩不理想也是由家长打电话向教师了解情况。真是可怜天下父母心!不经历风雨,怎么见彩虹?家长在感叹现在的孩子不如父辈的同时,却没有意识到自己是压抑孩子成长的罪魁祸首。

让孩子自己做主,不是对他们的任何要求都有求必应,百依百顺,无原则地予以宽容,而是积极地与孩子交流,既尊重、理解孩子,又对他们严格要求。其实,自己做主并不是轻而易举的事,有时是一个相当痛苦的过程。

雯雯就经历过这样的阵痛。两年前雯雯考上了一所重点高中,然而她对每天做不完的作业感到头痛,在妈妈的建议下,雯雯去了外地一所国际中学考察。不同类型的学校,将来的出路完全不一样。该走哪一条路呢?雯雯一时拿不定主意,她多么希望妈妈能帮她指定一条啊,但雯雯的母亲没有这么做。母亲引导女儿先分析自身的特点,然后比较两所学校之间的差异,再让女儿看哪一所学校对自己更合适,最后让女儿做出抉择。经过两个多月的亲身体验、考察、分析、判断和推理,雯雯终于下决心去外地上高中,如今,她已成了美国某大学的大一新生。每每谈起这段经历,雯雯感慨万千,她说:"原来以为做个决定很容易,没想到竟会这么痛苦。经过这件事,我觉得自己成熟了许多,同时觉得做父母的确实不容易。感谢妈妈给我这次机会!"

让孩子自己做主,意味着对孩子自己力所能及的事绝不代办,对孩子喜欢做的事鼓励他们去做,对孩子有兴趣但不会做的事引导他们去做,对孩子所表现出来的错误和幼稚行为不大声辱骂,更不动手打,而是循循善诱。

晋花钱从不作打算,花多少就问父母要多少,父母也从没拒绝过孩子。"不就一个孩子嘛,钱不给孩子花将来还会给谁呢?"这是绝大多数父母的想法。然而晋从高一开始,父母意识到应该让女儿有经济头脑了,于是通过与女儿协商,父母改变了以前晋"随要随给"的方式,在晋提出的数目基础上再追加一些,每月固定给她,由她自由支配。第一个月还没过半,晋就把钱全部花完了,父母没有责骂,而是让女儿回忆这些钱是怎么花的,女儿却怎么也想不全,父母便建议女儿以后花了钱要记账,这样就会知道钱花在哪里了。晋的父母还与女儿一起设计了一张表格,便于她日后记录。第二个月还是略有超支,父母就和女儿一起拿出账本讨论,哪些开支是必需的,哪些是可以减少的,哪些开支是不必要的。在父母的指导下,晋现在每月都有结余,她把这些钱拿出来给父母买生日礼物,父母心里乐开了花。

> 高尔基说过:"爱孩子是连母鸡也会的事,但教育孩子则是一门艺术。"

爱是动物的本能,把对子女本能的爱上升为理性的爱应是为人父母者必须具备的品质。父母对孩子一定要"舍得",应该鼓励他们到实践中去闯荡,在大海中学会游泳,在暴风雨中成长。溺爱只会给孩子带来伤害,给家庭造成悲剧,给社会带来不幸。随着孩子年龄的增长,要求独立自主的愿望会越来越强,父母应及时调整与孩子的关系,让他们逐渐自己做主。不独立自主的孩子长大后即便不被人欺负,也绝对不会被人重视,这是家长和孩子都不愿看到的。

网瘾要靠高手治疗

孩子上网成瘾是家长十分头疼的事,为了让孩子回归正常的生活,不少家长软硬兼施,采取打骂或是下跪、磕头等等方式,但都无济于事。要斩断网瘾,必须追根溯源,找到形成网瘾的原因,然后采取正确而且有效的方式,才能达到药到病除的目的。

上网成瘾的原因之一是家庭不和睦。

斌从上初中起就迷上了网络游戏,至今已有5年网龄。为了得到上网的钱,他学会了说谎、偷东西,父母因此经常打他,有时用皮带抽,有时还把他绑起来,但他总是设法逃脱,甚至不顾生命安全,从二楼家中的窗户跳下后继续去网吧玩游戏。斌的父母怎么也弄不明白儿子为何如此迷恋网络。斌的父母认为自己很爱儿子,就算是打儿子,也是为了他好,父母对他并不缺少爱的付出。然而,斌并没有感受到父母的爱,他说父母关系不和,经常在他面前吵架,吵完后就拿他出气。每当这时他就感到特别郁闷、烦躁,感觉生活很无聊。他想远离父母,但由于自己是未成年人,只好与父母在一起。网络游戏帮了他一个大忙。上网时,斌感觉自己特别"帅",特别威风,想怎样就怎样,在紧张、刺激的游戏中,斌找到了成就感和满足感,逐渐形成了网瘾。

其实夫妻吵架很正常,但如果一方把对另一方的不满发泄在孩子身上,把孩子作为出气筒,就大错而特错了。不少孩子把上网看做像吃饭那样重要,这充分说明孩子的内心缺少爱或对爱产生极度饥渴。孩子在父母那里得不到爱,就会转向其他地方寻找,而网络对孩子来说绝对是个不错的选择。

产生网瘾的另一个原因是父母与孩子沟通困难。

颖小时候是个乖孩子,父母怎么说就怎么做,成绩在班上名列前茅,颖的父母为有这样的女儿感到自豪。但随着年龄的增长,颖在家待不住了,因为母亲总唠叨个不停,而且任何事情到了母亲的嘴里都能与学习沾上边:早上起床晚点,就说浪费了大好时光;晚上因看电视睡得稍晚一点,母亲又说会影响第二天上课;白天同学来个电话,母亲又能说上半天。颖在家觉得喘不过气来,父母则觉得女儿越来越不乖了。一天,颖为自己买了一件衣服,母亲觉得不适合女儿的年龄穿,颖向母亲解释,可母亲根本听不进去,嗓门越提越高,母女俩就吵了起来,父亲见状不问青红皂白就把女儿暴打一顿。父母的一致让颖感到害怕,在家感觉没劲,不是吃饭就是睡觉,与父母除了学习什么话都说不上,父母不了解也不想了解她内心的感受,于是颖开始逃学,夜宿网吧。与同伴在一起,让颖感到轻松、愉快、自在,在网上颖找到了归属感。

颖的离家出走,其父母是有责任的。他们不懂得学龄前的孩子依赖父母,学龄期的孩子则把老师作为心目中的偶像,到了青少年时期,同伴的力量变得越来越强大。随着孩子年龄的增长,想独立的愿望会逐渐加强,这时父母需要放权,让孩子自己决定,即便孩子这时还不具备这种能力,父母也应从台前退到幕后,在背后支撑、保护孩子,让孩子有安全感。

产生网瘾的第三个原因是期望值过高。

有调查证实,80%的父母对孩子的期望过高,为了上重点、考名校、出国留学,孩子很小时就被逼着认字、背英语;为使孩子多才多艺,家长还要求孩子学习琴棋书画。琼的父母便如此。

琼聪明伶俐,为在将来激烈的人才竞争中占有一席地位,琼从小就被父母逼着学画画、书法、英语、舞蹈、打球等等,周末和假期的时间都被排得满满的。除这些外,学习成绩还不许落下。有一次,琼的英语成绩没考到第一名，就被父母毒打一顿，打得第二天都快爬不起来了。琼的父母认为，不能浪费琼的天资，要好好挖掘她的潜力，让她养成好的学习习惯。在父母的重压下，琼享受不到学习的快乐，厌学的情绪油然而生，成绩下滑得很厉害。琼为避免惩罚就逃学，在网吧的游戏中找到了快乐。打游戏输了想赢，赢了还想赢，越打越想玩，希望达到一种无敌的境界。开始琼还害怕被父母打，但几分钟一过就完全沉浸在玩游戏的快乐之中，忘记了皮肉之痛，尽情地在游戏中享受。为了不让孩子上网打游戏，琼的父母限制她的零花钱，但这并没有难倒琼，她把家里的旧报纸、书都拿去卖了，甚至有时一天只吃一顿饭，省下钱来打游戏，直到打到整个服务器里的前十名，别人纷纷向她请教，琼才觉得找回了尊严。

小小年纪承受的压力过大往往会产生逆反心理，如果琼的父母在学习上不是对她如此严加管教，相信琼不会离父母的期望越来越远。

孩子遭受挫折后会对网络产生依赖。

伟从上小学第一天起就被老师指定做班长，带上红领巾后又当上了大队长。伟不仅成绩很优秀，且各方面表现都不错，有一学期居然一下子拿回三个奖状。他是父母的骄傲，老师眼中的好学生，同学学习的榜样。在迎接中考的日子里，母亲接到一个女孩打给伟的电话，怕影响儿子复习，母亲没问儿子是怎么回事，而是告诉了班主任，希望老师留意一下。班主任在第二天的班会上当众批评伟说："原以为你是个不错的孩子，没想到你是这样的。就要中考了，竟还有心思去谈恋爱。"还说："大家千万别学他，一定要把心思用在学习上，争取考出好成绩。"以后的日子里，老师不再像以前一样经常表扬伟，伟感觉被老师抛弃了，自尊心受到了毁灭性的打击，曾经的成就感无影无踪。伟于是自暴自弃，每天上网打游戏，连学也不上了，还经常在网吧过夜，父母、老师怎么规劝都无济于事。中国有一句名言："教育也，长其善而救其失也。"意思是说，教育就是要发扬孩子身上的优点，克服他们身上的缺点。每个人身上都会有弱点，如果把它无限放大，就会成为一个污点；如果家长和老师能发现孩子身上的闪光点，并及时表示赏识和赞赏，孩子的表现就会越来越出色。

另外，溺爱也会导致孩子对网络的依赖。

冬的母亲中年得子，对冬疼爱有加。怕儿子外出被人欺负，就老跟在儿子后面。一旦儿子与人发生冲突，母亲总抢先一步出面解决；实在没时间陪儿子外出，就让孩子在家，与电脑、电视为伍。母亲对儿子提出的要求从不拒绝，有时甚至不用儿子说出口。儿子要吃虾、蟹之类的东西，母亲都是剥好送到儿子嘴边。由于母亲过分的关心，东根本不用脑子想问题。然而，在现实生活中，冬并不感到幸福，反而觉得很无聊，想做些什么，不是被母亲包办代替了，就是怕产生不良后果而不敢尝试。但在网上冬找到了感觉，现实生活中很难做的事，在网上则很容易实现，网络成了冬生活的一个重要组成部分。可是，网络世界毕竟是一个虚拟世界，不少人一回到现实世界就有下地狱的感觉，这是他们不愿意接受的，于是染上网瘾就很自然了。过分的溺爱会让孩子失去社会生活能力，一旦离开家庭，这些孩子就会成为社会生活的低能儿。与其让孩子将来变成废人，倒不如现在给孩子一些机会，锻炼其社会生活的能力。

> 法国教育家福禄倍尔说过："国家的命运，与其说是掌握在掌权者手中，倒不如说是掌握在父母手中。"

家庭是孩子的第一所学校，父母是孩子的第一任老师。家庭教育是学校教育和社会教育不可替代的，父母的责任因此显得十分重大。要防治网瘾，必须从家庭做起。

数数孩子有多少个朋友

人类感情中有亲情、友情和爱情。亲情因血脉相连而割舍不断，它是天然的；友情则"需要忠诚去播种，热情去灌溉，原则去培养，谅解去护理"（马克思语）；没有友情就很难找到爱情，因为爱情是友情的升华。珍惜友情会让生活变得快乐、健康。巴金曾经说过："友情在我过去的生活里就像一盏明灯，照彻了我的灵魂，使我的生存有了一点点光彩。"

友情是在人际交往中产生的,它对人一生的发展有着深远的影响。

密执安大学的医学家詹姆斯·豪斯与他的同事们进行了长达14年的研究。他们以一个镇的2700人为研究对象,研究结果表明,经常与人交往有助于延年益寿,尤其是男性。他们还发现,不经常与别人来往的人较之经常与别人来往的人死亡率高两倍半。耶鲁大学的流行病学家丽莎·波哈曼和加州大学的医学家伦纳德·塞姆共同对加州阿拉米达镇约7000人进行了调查,结果表明,单身汉、亲戚朋友少的人和不参加社团活动的人较之其他有良好人际关系的人死亡率高一倍以上。不管这些居民的种族、生活方式和经济收入情况如何,上述结果都是一样的。可见,在人际交往中获得友情是人类长寿的秘诀之一。

不少家长知道友情在人生中不可缺少,但在以学习压倒一切的家庭教育中,父母往往只看学习成绩,而忽视对孩子其他方面能力的培养。3岁的孩子会背唐诗却不会爬,四五岁的孩子认识几千字,父母就希望孩子提前上学,也不管孩子是否与同伴合得来。有的家长认为,中小学期间该好好读书,等进了大学后再培养交际能力也不迟。一些孩子进大学后,父母还千叮咛万嘱咐:"到大学是学习去的,不是搞人际关系去的,一切要以学业为重。"他们全然不知人的发展都是有关键期的,有的技能如果在关键期得不到发展,那么以后再学就变得困难了。许多心理学家把9~12岁视为发展亲密友谊的重要阶段,认为这时的孩子如果不能找到亲密的朋友,那么到少年甚至成人时就永远不会找到真正的亲密伙伴。

西格蒙特·弗洛伊德的学生哈里·苏里万认为,**儿时的友谊影响孩子的交友习惯、自尊心等,其程度几乎相当于父母的抚育和爱**。如果孩子失去朋友,或者不被同伴接受(尤其在上小学时),那么即使日后取得很大成功,也终身会有一种不安全感和不满足感。

珊是一名非常优秀的教师,她所带的两个班在全年级6个班中成绩名列前茅,但她人际关系不好,脚骨折了在家休养两周竟没有一个同事去看望她,也没人愿意给她带课。产生这种状况的根源可追溯到珊的童年时期,她在小的时候就没有亲密伙伴,虽然成绩很好,但没人愿意理她。在每次的春游、秋游中,同学都不愿和她在一个组,她只好和老师玩。母亲一直告诉她:"学生就是要以学为主,别的不用多想。"珊在这种理念的灌输下只注重学习,现在到了30岁,没人缘让她很苦恼。

六、家庭教育方法问题

中国人教子有问题

像珊这样的父母亲现在并不少见。智原本是一个活泼的孩子,长得也很帅气,唱歌、打球样样行,还乐于助人,因此最初在同学中有很好的人缘,同学无论谁去哪里玩都要叫上他,可智的父母为了能让儿子安心读书,总是拒绝儿子同学的邀请。每次同学打电话给智,父母都说儿子没空,作业没做完,或推说他身体不好,有时甚至干脆说智不在家。智有时背着父母约同学一起出去玩,同学总冲着他说:"先把你老爸老妈搞定再说吧!"时间一长,智周围的同学越来越少,他渐渐变得闷闷不乐了。智的父母不以为然,一个劲地教育儿子要一心只读圣贤书,不要与成绩差、不爱学习的同学交往,不要和他们比吃喝玩乐,而要用成绩去打败其他同学。在智的父母眼里,除了学习,其他的"说起来重要,做起来次要,实际上不要",他们不知儿子没有伙伴的童年是多么孤单、寂寞。

培根说过:"缺乏真正的朋友乃是最纯粹最可怜的孤独,没有友谊则斯世不过是一片荒野。"有的父母不让孩子与其他人交往是怕他们交友不慎。出发点虽好,但"堵"怎么堵得住呢?面对面不能交往,有的孩子就转向网络交友。他们整天待在家里,以不要打扰自己学习为由,拒绝父母进入自己的私人领地。看着孩子"上网查资料"、"认真"读书,父母通常会有一种满足感,殊不知孩子已在网络中迷失了方向。

薇是个活泼开朗的女孩,爱交朋友。上了初中后,由于学习内容增多、难度加大,她一下子不能适应,导致成绩滑坡。父母没有帮她分析下降的原因,而是抱怨她交友太多。一旦考得不好,父母就动手打她,还不许她与同学来往。父母严格一致的教育,使薇感受不到家庭的温暖,这时朋友的力量反而显示出来了。不能外出,就在网上交友。网络是一个虚拟的世界,青少年好奇心强,他们设法去探索这个世界,但由于认知能力较薄弱,明辨是非的能力较差,难免会上当受骗。薇在网络上投入了大量的精力、时间和情感,只要能给予她安慰的朋友她都交,在网上薇找到了归属感,到头来不仅被人骗了,还染上了网瘾。

研究表明,染上网瘾的孩子大部分有交往障碍,80%的人只愿在网络中交友,在现实中则感到孤独,不知道如何与人交往。虽在网上纵横驰骋,但实际上很难得到真正的友情。

有的父母只愿让孩子与同性别的伙伴交往,怕孩子早恋。有的家长一听见异性同学打来的电话或是自己的孩子与异性同学在一起就显得很紧张,不仅对自己的孩子刨根问底,还对异性同学仔细审查。

娜的父母就是这样,生怕自己的宝贝女儿被不良异性拐走,对与女儿交往的异性都要或明或暗地调查一番。可这样做不仅没有达到预期的效果,还使女儿与父母的心理距离越来越远。女儿认为父母不尊重、不信任她,让她在朋友面前下不了台。以后娜与异性交往时变得更加小心谨慎,尽可能不让父母知道。

诗人歌德说过:"**哪个少年不善钟情,哪个少女不善怀春?**"其实,孩子有与异性交往的愿望是很正常的事,而且与异性交往的结果并不是只有早恋。只要正确引导,对孩子的身心发展是会产生积极影响的。纽约州立大学的心理学家林兰博士对1000多名各个年龄组的人进行调查,发现绝大多数人能从自己的异性朋友那里得到安慰。对男性而言,女性细腻、体贴、善解人意;对女性而言,男性开朗、豁达,看问题较长远而坚定。人们在一起工作、学习时,往往重视异性的评价。异性之间的谈心、友谊,最有利于摆脱紧张、焦虑、抑郁的心理状态。有的孩子除了自己的父母,从小就不与其他异性交往,导致缺乏与异性交往的经验和技巧,长大后连谈恋爱都成了问题,一遇见陌生异性就紧张、拘谨、尴尬。可悲的是,不少父母至今还没有意识到这一点。

在中国应试教育的学习环境里,父母很难对学习成绩不在乎,但绝不能以牺牲友情作为提高学习成绩的代价。友情能体现一个人的价值。有人说:"你想知道你的价值吗?那就数数你周围的朋友吧!"

七、家庭教育原则性问题

据报道,我国台湾地区的父母采取一种家教新原则:与"重视大错误,忽视小错误"的习惯性思维相反,采取"小错不迁就,大错不追究"。他们认为,小孩子有了小错,就像衣服上破了个小洞,如果不及时加以修补,洞就会越来越大,以致衣服不能再穿;同时,孩子犯错后父母如果再"雪中送冰",就会把孩子的心"冻死"了。

这叫纠错的原则。其实,在实践中我们很难做出规定,指明家教必须遵循哪些原则。不同事务有不同的处理原则。在家教的具体问题上,缺乏原则,就会陷入误区。

 **英雄时代让绅士走开?**

自古以来,儒家思想就在我们这个东方大国根深蒂固,仁人君子,也就是西方所说的绅士,是男孩子长大以后做人的标准。然而,当今社会是一个竞争的时代,一个英雄的时代,人们纷纷追逐个性的张扬。名利之下,浮躁喧嚣,似乎绅士风度已经腐朽过时,已经黯然失色。

不少父母渴望子女能够一夜成才,声名远播,成为英雄。如今一打开电视,你就会发现几乎天天都有各种各样的赛事充斥荧屏,不是选名模,便是赛歌星,五花八门的"秀",层出不穷的"型",吸引了千千万万的眼球。以成败论英雄,实现出人头地的梦想。英国培养绅士,经历了四代人的努力;但在我们身边,许多人一举成名，一夜成名。

愿望总归是愿望，要达到某一个目标，没有艰辛的努力，不付出心血与汗水，那只能是水中捞月，画饼充饥。即便有些人一举成名，但我们看到的只是他们头上的光环，而没有看到他们背后的艰辛。"千淘万沥虽辛苦，吹尽狂沙始到金"。没有一砖一瓦的叠筑，不可能建成事业的大厦。古今中外凡有大成就且对国家和民族做出大贡献的人，哪个不是十年寒窗，终生勤勉？缺乏积淀底蕴的"速成英雄"，是不可能实现人的全面发展的。

我们需要当今时代的绅士。新一届的联合国秘书长潘基文虽身居高位，不也一直保持着良好的绅士风度吗？要成为一名绅士，必须具备良好的综合素质。

理智、礼仪、智慧和勇敢是现代绅士必备的素质，培养理智，就是要能够运用理智去驾驭和支配自己，克制自己的欲望，顺从理性的指导。礼仪的培养指的是要让儿童学习礼貌、礼节和风度，懂得人情世故，会待人接物，要文质彬彬，高雅友善。智慧的培养指的是一种本领的培养，它使人能干而有远见，善于处理具体事务；要把孩子培养成坦白、公正和聪慧的人。洛克认为，勇敢和坚忍是绅士必备的美德，是一个真正有价值的人的品性，为此需要从小锻炼孩子的胆量，使之能忍受痛苦，克服怯懦、脆弱的本性，能够做到刚毅、果断、勇敢。洛克主张对孩子实施德育时，家长要做榜样和示范；要充分践行好的行为，使之成为习惯；要和儿童讲道理，还应该给孩子奖励，这包括尊重、称誉和赞扬；洛克反对体罚，认为惩罚应尽量避免，但必要的责备、斥责也可保留，以不挫伤孩子的自尊心为准。总之，父母的教育将影响孩子的一生。

> 约翰·洛克是17世纪英国著名的思想家、哲学家和教育家。他提出，一个绅士必须具备理智、礼仪、智慧和勇敢这四方面的道德品质。

谈到孩子的教育，汪祖同的母亲张思华女士有不少经验。她的目标是把儿子培养成一个真正的绅士，过去的点滴努力都是夯实儿子综合素质的基石。

2005年5月中旬，上海公安博物馆举办了一个书画展，展出的70多幅作品是

七、家庭教育原则性问题

一个刚满9岁的孩子在3年多时间里完成的。这个孩子叫汪祖同。事实上,小小年纪的汪祖同已经有了不少堪称辉煌的纪录:从2002年12月到2004年8月这20个月的日子里,汪祖同的小提琴演奏、书画作品以及作文,多次在市级和全国性的大赛中获奖,他还在校内外各种报刊上发表书画作品和作文10篇。其中,他的国画《丰盛》和《朝晖》参加了中法文化交流活动中的书法绘画比赛,分别荣获Henri Matisse特别奖和Couleurs风格奖。

张女士从不主张孩子去死读书。在她看来,学校里的功课只要懂了就行了。通过检查作业和试卷,她会针对祖同平时测验或考试中失分的题目,再找一些同类的习题让他做。因此,与那些奔波于各种补习班之间的孩子不同,祖同有很多时间可以到处走走、看看、玩玩。放学后,祖同经常和他的堂表兄妹下棋、踢球;或者和妈妈一起跳绳、放风筝、打羽毛球;或者与父母一起听音乐会、看画展,参观博物馆和科技馆,这些都是他的常规休闲项目。祖同爱看动画片,更喜欢看书。《科技画报》、《小学科技》、《中国少年报》、《哈哈镜》、《巴黎圣母院》、《鲁滨逊漂流记》、凡尔纳的科幻小说、欧洲画家的画集"常驻"他的床头,每晚10点睡觉之前,他总要看一会书。

一到寒暑假,张女士就带着儿子外出旅游。她说:"不是打电子游戏、上网才算是玩,我要让孩子玩山玩水,在玩的过程中开拓眼界、汲取知识。我要求他每走一处都要把所见所闻所感积累下来。走得多,看得多,悟性就会好起来。"这两年,他们的游踪遍及祖国的大江南北。祖同趴在河边的石头上观察螺蛳,了解了它的进食器官和食性;他观察糖纸,从彩色玻璃糖纸和衣服的叠合当中领悟了三原色的组合;他观察木化石,数着它们的年轮,抚摸着它们的纹理,感叹着大自然的鬼斧神工。正因为有了父母的引导、鼓励和宽容,这个八九岁的小男孩才能具有细致入微的观察力。

祖同4岁时就开始学小提琴了。妈妈想以此为切入点,培养他的毅力,促使他树立良好的学习态度,养成做事认真、办事不拖拉的良好习惯。学小提琴先要练站姿,老师在地上画了两个脚印,让祖同站在里面。4岁的孩子,站了没多久就开始嚷嚷这里痒那里痒,手脚乱动。张女士给他讲道理:"学琴,就是为了训练你集中注意力,你必须站得住、立得牢。"于是,祖同每天要花三四个钟头练站姿,母亲自始至终陪伴着。学琴是艰苦而枯燥的,祖同也像其他小孩一样贪玩、怕吃苦、爱钻空子。尽管练琴他也喜欢,但还是会想办法逃避。有时他坐在马桶上,一边解手一边看书;有时会故意把作业做得慢一些。可是,面对妈妈的"铁面无私",小家伙只得乖乖地收起各种小花招。

喜欢涂鸦的祖同5岁开始习画。妈妈常常对祖同说:"任何荣誉都不是与生俱来的,你要学会积累,不要怕枯燥的重复和机械的练习。"

自幼养成了良好生活习惯的祖同,不吃零食,不挑食,胃口很好。强健的身体、旺盛的精力,使他能从容应对学校文化课之外再练琴习画的压力。

张女士爱孩子的另一种方式,是利用一切机会让他经受锻炼。祖同不满7岁的时候,电视台请他参加一项冬令营活动。想到要离家3天,样样事情要自己做,晚上还要独自睡觉,祖同想打退堂鼓。张女士鼓励他:"你已经是一年级的学生了,应该勇敢地走出去,体验陌生的生活,感受和小朋友在一起的快乐。"他就此体会到了集体活动的乐趣,学会了自己铺床、整理背包,还学会了帮助其他小朋友。回家后,他兴奋地告诉妈妈:"下次如果还有这样的机会,再把我放出去锻炼。"8岁时,祖同跟爸爸妈妈还有堂哥一起登玉龙雪山。在海拔4505米的高山上,他不靠氧气瓶,一步一步登高151米,亲身体验了高山反应。

"作为父母,一定要腾出时间陪伴孩子",这是张女士的育儿原则。每天下班之后,她只"属于"儿子。偶尔有事外出,也要把他的功课、练琴和习画都安排好了再去。功夫不负有心人,这个9岁的小男孩已经具备了超出同龄人的意志力,拥有了一笔十分宝贵的人生财富。有时候考试成绩不好,他会对妈妈说:"我这次没考好,不等于下次也考不好。"学琴,磨炼出了他健康的心态。

张女士把祖同的读书、学琴、习画当做他学习做人的过程。她叮嘱儿子:"在你的成绩背后,是教导你的老师,是很多长辈对你的关爱、培养;要懂得感恩,不能以为这些成绩完全是靠你一个人取得的。"令她欣慰的是,祖同是一个得失心不强,颇为憨厚的孩子。虽然得了许多奖,却丝毫没有骄傲自大。也曾有人问她:"你是否希望孩子长大以后向音乐或绘画方面发展?"她说:"将来,祖同不一定走音乐或是绘画的路。不管是读书还是拉琴、画画,我都不要求他样样第一,只希望他有广阔的知识面,养成良好的学习习惯。现在做的一切,是夯实他综合素

质的基石。"

从汪祖同的例子中我们不难看出,打造当今绅士,并非一朝一夕所为,而需要父母长期的努力。英雄时代固然要凸显个性,但如果缺乏文化底蕴,我们周围的英雄只能是昙花一现。

真正的英雄需要从绅士中培养,从绅士中产生。

 教育投资,追求回报

现在很多家庭都只有一个孩子,家长对孩子的教育投资毫不吝惜,不计回报;不少家长还盲目攀比,他们通常把能让自己孩子上多好多贵的学校,当做炫耀子女有没有出息的资本。要知道,这种非理性的盲目投资,其实并不可取。

投资教育最贵的往往不是最好的。调查显示,家长每月对孩子教育投资的比例越小,越有利于孩子的成长。当投资经费占家庭月总收入的1/6时,孩子的发展水平处在"上层"的人数最多,处在"下层"的人数最少;当投资份额为1/5时,孩子的发展水平处于"上层"的人数明显减少;当投资额度为1/4时,孩子的发展水平处于"中下层"、"下层"的人数明显增加;当投入经费为1/3时,孩子的发展水平处于"中下层"的人数跃居各层之首;当投资份额为1/2时,孩子的发展水平只处于"中层"。由此可知,家长对孩子的教育投资并非越高越好,高消费并不能带来孩子发展的高水平,只有重视投资的效益,讲究投资的合理构成,注重投资的文化含量,才能提高投资的质

> **专家提示**
>
> 广义上的家庭教育投资一般应该包括三大方面:一个是给孩子物质上的投资,一个是给孩子情感上的投资,再就是家长对自己学习教育新理念的投资。

量,达到预期的教育效果。

那么,家长怎样做才是正确的投资呢?

 要明确金钱不可能包办一切

越来越多的家长为了给孩子提供好的教育环境,不惜重金将孩子送入重点学校,家里条件好的就出国留学,条件一般的也在四处寻觅各类培训班,让孩子多学知识,多学技能,都想让自己的孩子比其他孩子优秀,早日成功。但让孩子接受良好教育,必须得用钱来做物质保障,于是,许多家长拼命挣钱,不希望自己孩子因教育环境差而影响其成才。

做建材生意的赵先生高中学历,为让儿子受到良好的教育,赵先生在儿子3岁时就将他送进了省城一所知名幼儿园,后来又上了一所私立小学。等孩子上中学时,他又花费了不少钱,终于将孩子送进了市重点中学。但是由于在重点学校学习压力很大,又缺少父母关心,赵先生的儿子逐渐产生厌学心理,并结交了一些社会上的朋友。和他们一起泡网吧、看电影,有人欺负他,他的朋友们也会出面帮他摆平。爸爸给他的零花钱,他全部用来请客。钱不够时,还会想方设法从父母那儿偷钱。等赵先生发现时,孩子已经陷得很深。由于缺课严重,成绩下滑,他儿子被迫离开了这所爸爸花了不少心思才把他送进去的名校。如今赵先生和妻子非常后悔当初不该只知道挣钱而忽视了与孩子做朋友的机会。

希望天下的父母能以此为鉴,要知道培育子女的硬件固然重要,但是软件才是起主导作用的。家长不管多忙,也要陪陪孩子,及早成为孩子的知心朋友,让孩子健康、快乐地成长。

 良好的心理沟通是宝贵的财富

家长与孩子良好的心理沟通是一笔宝贵的感情投资,甚至可以起到比物质投资更为重要的作用。它的回报率也更高。父母在给予孩子物质财富时,千万不能忘了对子女感情的呵护。

孩子在外面会受到各种伤害,这是家长无法预测和避免的。这个时候沟通

就变得十分必要。家长所能做到的是教会孩子怎样处理一些突如其来的伤害,并一定要成为孩子忠实的聆听者,听孩子诉说委屈,及时帮孩子解开成长过程中的心结,才能避免孩子的心灵受到伤害。此外,现在的孩子面临着各种各样的压力,尤其是考试给孩子造成的心理压力最大,主要来自三方面:一是家长给孩子的压力,二是社会给孩子的压力,三是孩子自身的压力。家长应该适时与孩子谈心,帮助他们解压。

下面的很多例子都说明了这一点。

个案一

某小学三年级的小刚在上体育课时和同学发生了冲突,和他发生冲突的学生找来高年级的朋友欺负小刚,后来还经常找小刚的麻烦。小刚害怕报复,没告诉老师,回家后也没敢跟家长说。但小刚从此变得不爱说话,上学时更是心惊胆战,成绩下滑。一个月后,家长发现不对劲,细问孩子才得知事情的原委。虽然事情后来得到解决,但孩子已经不敢在原来的学校上学,并且一考试就出现发抖的现象。家长只好给孩子换了一所学校。在新的学校里,老师采取激励教学法,小刚经常受到老师的表扬,胆子渐渐变得大起来,但再也没有以前活泼,他的幼小心灵已经受到了伤害。

个案二

月月是个文静、懂事的小姑娘,圆圆的脸上有一双明亮的大眼睛,特别有神。她的性格比较内向,学习成绩优秀,是班上的好学生,深得老师和同学的喜欢。可细心的班主任刘老师发现近一段时间她上课老是走神,成绩也有所下降,下课也不和同学们在一起玩了,有时一个人躲在角落里悄悄抹眼泪。一天放学后,同班同学都走了,可刘老师看见月月低着头,呆呆地坐在操场的台阶上没有回家。于是,她走过去抚摸着她的头亲切地询问,月月一开始沉默不语,后来在老师和蔼目光的注视下,她的眼泪夺眶而出。原来月月的爸爸妈妈因感情不和经常吵架,最近在闹离婚,平时对月月无暇过问,关心少之又少。本来快乐的月月变得经常噩梦不断,情绪低落,时常感到压抑和孤独。

个案三

小佳是初三的学生,父母整天东奔西跑地忙于做生意,经常留下她与保姆在一起。每天学校、家里两点一线,周而复始。在老师和父母的印象中,她是一个乖乖女,文静内秀,成绩在班上中等。她不大和同学往来,也没有特别要好的朋友,兴趣爱好也不多,生活中唯一的亮点就是听听音乐。父母很少在家,在家时电话、来客不断,也难得与她说上几句话;保姆年龄大了,也没有什么共同语言,有时候小佳一天也说不了几句话。本来小佳对中考抱有很大的希望,但考试失利了。在得知成绩的当天晚上,她离家出走了,深夜走累了就睡在立交桥下,一对慈祥的老夫妇发现了她,并报了警,清晨警察才把她送回家,父母急得彻夜未眠。她说,不知道自己为什么会离家出走,只觉得心里很烦、很难过,但没有人可以述说,可以帮助自己,于是离开家漫无目的地走着,后来走累了就睡着了。其实孩子的最大问题是缺乏心理支持系统,而心理支持系统是由我们身边的朋友和亲人组成的。小佳的父母忽略了与孩子的情感交流,加上她在人际交往中缺乏主动性,没有知心好友,出现心理问题时无法宣泄,当情绪跌落到低谷时无法控制,就出现了过激的行为。

如今,几乎所有的家长都舍得给孩子投资,但给自己投资,许多家长就有点舍不得了,自己往往忽视学习教育新理念的要求。殊不知,父母应该和孩子一起成长,在注重孩子教育投资时,别忘了自己也要充电。如果父母提前掌握了一些教育理念,在孩子的教育问题上会少走很多弯路。

有的专家认为,孩子优秀的学习、生活习惯都是在上学前就养成的,而上学前和父母在一起的时间最长。所以,父母的一言一行都是孩子模仿的对象,要想

> **专家建议**
> 父母不见得自己要有丰富的知识去亲自教育孩子,但是一定要注意给自己投资,学会先进的教育理念,培养孩子养成好的学习习惯,促进孩子健康成长。

让孩子有什么样的品质和习惯,父母自己也得具备这方面的素质。

很难想象,一个母亲会弹钢琴、喜欢绘画,而她的孩子却不会弹钢琴,也不喜欢绘画。但如果父母不会弹钢琴,而硬让孩子去学,孩子就很难喜欢,因为他(她)享受不到其中的乐趣,而且孩子会想:"你们都不会弹钢琴,为什么要让我学?学得这么辛苦,学会了又能怎样?"

总之,父母应该走出误区,合理安排教育投资,不可以捡芝麻丢西瓜,顾此失彼。**最适合孩子的教育投资才是最佳的选择**。做个有远见的"投资家"吧!

一俊不能遮百丑

"一俊遮百丑"表达了一种"一好百好、一俊百俊"的假象。其实"一好"和"百好"相距甚远,"一俊"也无法遮掩"百丑"。然而在家庭中,孩子一俊百俊、一好百好的事儿还很常见。

现在的孩子都是独生子女,在家里一心只读教科书。他们只要学习好就能"一俊遮百丑",父母甚至可以对孩子不合理的要求尽量迁就和满足,对一些错误做法也纵容和包庇。

孩子"一心读书",影响着孩子全面健康的成长,孩子易患软骨病——重智轻德、重智轻体、重智而轻其他的倾向非常严重。于是,"一俊遮百丑"直接造成许多独生子女的独立生存能力低下。

小王是一所高校里的大二学生,学习成绩在班里一直很优秀,然而在生活上却经常遇到麻烦。班里搞卫生突击检查,班主任点了他的名字,原因是被褥太脏,衣物凌乱。在人际关系方面,他也是经常与同学发生口角。幸好他的父母每星期都会从家里开车来看

他，帮他带来换洗的衣物，同时嘱咐同学帮忙照顾小王。老师对他的评价是：学习能力突出，但独立生活能力太差。

像小王这样的大学生为数不少，有的父母甚至在学校附近租房子居住，以照顾这些天之骄子。

一份对1500名学生的调查报告显示，有51.9%的学生父母要替孩子整理生活、学习用品，在小学五年级中还有让父母穿衣叠被的学生。这份报告还涉及对500名家长的调查，抽查发现，有60.7%的父母担心孩子学习成绩差，有40.8%的父母怕影响孩子的学习而不愿让他们参加劳动，而只有16.5%的父母担心孩子生活能力差。

培养独立生存的能力，首先父母要为孩子创造各种独立做事的条件。要不当拐杖当向导；要帮助孩子强化自我意识，发挥孩子的主观能动性；要放手让孩子做力所能及的事情。

其次，父母应当注意培养孩子思考的能力。凡是孩子自己酝酿的正确想法要加以肯定；凡是孩子自己决定的事情要加以鼓励；凡是可以让孩子参加的大人们的谈论，一定要让孩子参加。如果可行，就采纳他们的意见。

再者，还需要培养孩子克服困难的品质。孩子在独立做事情的时候，容易遇到困难、受到挫折而放弃努力。这时父母就要坚持，不能觉得孩子可怜而妥协。因为孩子总是要长大的，未来的路要靠他们自己去走。

"一俊遮百丑"，还造成许多父母忽视对孩子思想、道德、心理方面的教育。许多父母错误地认为，他们的责任就是给孩子提供成长发育所需要的各种物质条件。殊不知心理的成长发展与生理上的成长同样重要。于是，表面上看孩子们长得很壮实，但孩子的心理却十分脆弱，甚至不堪一击。

当年的"马加爵事件"，是投在教育界的一颗重磅炸弹。一个身负4条人命案的穷凶极恶的歹徒，竟然一向被认为是品学兼优的学生；受害者竟然是与他朝夕相处的最要好的同学；杀人的动机竟然仅仅是打牌中的一些误会和摩擦。"冰冻三尺非一日之寒"，寻根溯源，这都是家庭教育中"一俊遮百丑"的观念使然。

学习好这"一俊"，把鄙视劳动的错误观念也掩盖了。

在某项调查中，调查者询问，在学习委员、文体委员、劳动委员和宣传委员

七、家庭教育原则性问题

中，你最愿意担任什么职务，结果有55.1%的孩子选择担任学习委员，23.6%选择担任文体委员，11.2%选择担任宣传委员，而只有10.1%的孩子表示自愿担任劳动委员。

调查还发现，在受欢迎的职业排名中，孩子们长大后的理想职业是教师、科学家、医生、白领、明星、歌手等；普通劳动者则位居倒数第二，其中40%的孩子害怕扫马路。拒绝从事体力劳动，似乎成了当今孩子用功读书的动力。

还有更为荒唐的例子发人深思：

上海某中学一位初三学生的父亲，在上海城隍庙经营服装，家里非常有钱。每次轮到这个学生所在的小组值日时，他就对其他同学说："扫地我一个人包了。"他们小组清扫的教室比别的组要干净。为此班主任经常在全班表扬他热爱劳动。后来王老师才知道，原来每次值日，都是这个学生花5元钱雇传达室老大爷来清扫的。

殊不知，有没有劳动观念也会直接影响孩子的人格发展。在社会主义社会，劳动光荣，不劳动可耻；不尊重劳动，不热爱劳动，其实是丑陋的人格和行为。

"一俊遮百丑"的现象颇为普遍。要让孩子将来成为对社会有用的人，成为全面发展的人，现在应该是一些家庭进行家教错误观念大扫除的时候了！

 **淘气：男孩好，女孩巧**

"你怎么又不听话"、"听话就给你买玩具"、"你什么时候才听话"、"犟什么，听话好不好"，这些是我们常常能听到的父母教育孩子的话。

听话的孩子是好孩子、乖宝宝。一些父母为孩子听话而感到自豪，听话似乎成为父母评判孩子的标准。以下是一位母亲的亲身经历——

该不该让孩子听话？在我没有生小孩以前，答案绝对是Yes！那时有部电影《小鬼当家》，里面那个精灵古怪、上天入地、人小鬼大的孩子真是太恐怖了。我想，如果我不幸生了这么一个宝贝，这辈子的安宁与幸福就完蛋了。因此，女儿一出生，我们就开始对她进行严格训练。我每天跟她说很多的话，点头表示可以，摇手表示不可以。

后来她真的很听话，一步步地照我们的"可以"与"不可以"去做。比如，她从来不会像别的小孩那样把桌上的东西都撸到地板上去；从来不摔东西；八九个月的时候，从来不会不知轻重地滚下床去；几乎没摔过跤。我们常常很得意：女儿这么小，就懂得听话！

慢慢地，我们发现了问题。女儿1岁时，我们带她去麦当劳玩滑滑梯。她只要看见有小朋友在玩就不过去，一定要等小朋友都走了她才去玩。轮到她玩时，别的小朋友一来，她又站在一边了。本来我们以为等她长大了，胆子大一些就好了，没想到这种情形一直延续到她5岁。

上幼儿园对她来说，也是一个恐怖的历程。离开家，到一个陌生的环境，她是班上哭得最凶的，从早晨上学一直要哭到中午才停止。她从来不参加幼儿园的兴趣班，因为兴趣班是不同班级的小朋友在一起，她明显地表现出对陌生环境的害怕。

上小学了，学校开运动会，跑步是她的强项，可她想都没想过去参加比赛。这件事，给我们的触动真的很大。女儿的确很听话，可是在听话中似乎也失去了很多重要的品质，比如思想、个性、主见、独立性、创新精神、冒险精神等等。我们希望孩子听老师、家长的话应该没有什么错，可是为什么女儿身上又冒出许多不是我们所期望的东西呢？

 从小教育孩子听话，究竟对不对？

这位母亲的经历是值得我们深思的。自古以来中国人总是教育孩子要听话，不要淘气。在21世纪的今天，这种教育观念显然已经落后，不适应新世纪对人才的要求。听话的孩子不一定就是好孩子，淘气的孩子也不等于是坏孩子。

所以有专家指出,淘气的男孩是好的,淘气的女孩是巧的。

根据调查,许多成功人士小时候几乎都是不听话的孩子,非常调皮捣蛋。不听话的孩子往往有自己的主见,大脑思维活跃,对任何人或事情不随便屈从,自信心强,有独立处事能力,在"恶作剧"中能学到各种技巧等等。

马克思最喜爱的一句格言是:"怀疑一切。"听话,就没有怀疑,就没有思考。那么,怎样培养不听话的好孩子呢?

首先,父母需要改变评价标准。

父母在家庭沟通语言中,最好把"听话"、"不听话"、"乖"一类的语汇自觉剔除。父母不应该认为孩子的服从是一种了不起的美德,更不应该用这样一种意识来影响孩子,即只要顺从父母的意志就值得表扬。当你想用"听话"称赞孩子的时候,可以根据实际情况选用别的语汇。比如,称赞孩子作业做得快,把"真听话"改为"效率真高"!当你想用"不听话"训斥孩子的时候,也可以选用其他语汇。比如,批评孩子放学回家没完成作业就玩时,把"怎么这么不听话"改为"作业做好再玩,玩得才会更开心"。

其次,孩子反抗,不要呵斥压服。

父母自己要先冷静下来,自问:孩子是不是在学习和生活中遇到了某些他难以应付的事,造成情绪的失控?自己是不是做了某些令孩子反感的事情?然后,父母可以找孩子谈心,和孩子一起分析原因。如果您能冷静、平和地跟孩子一起分析问题和解决问题,不仅能让孩子更信任您,同时也能让孩子学习如何来控制自己的情绪,如何更好地进行交流。

再次,家庭成员互换角色。

不要永远扮演管教者的角色,也不要把孩子限定在被管教者的角色里。在家庭沟通中,可以有多种多样的角色游戏做到平等交流,可以经常鼓励孩子表达自己的意见和看法,对家里的事情提出建议,父母应对孩子的建议给予重视和鼓励;可以尝试让孩子管家,可以在寒暑假期间让孩子处理一些家庭事务,以增强孩子对家庭的责任感,提高其独立处理事情的能力。

此外，重视论理思维的训练。

父母不妨故意说错一些话，让孩子来辨别。如果孩子发现这话不对，则跟孩子进行讨论，错在哪里；如果孩子发现不了，则把错话继续扩大，直到孩子发现为止。孩子如果对老师的话或者书本上的话提出不同意见或疑问，更应该加以鼓励，并且和孩子一起把这个问题搞明白。父母应做到经常与孩子争辩，这是一种头脑思维的训练。

最后，要启发孩子多角度看问题。

可以在与孩子谈话时，有意识地引导孩子站在他人的立场换位思考问题，还可以用一题多答的问题或智力游戏启发孩子。比如，什么东西是红色的，说得越多越好；尺子有什么用，说得越多越好。平时孩子询问时，不要有问必答，可以让他先想想，让他试着说出自己的想法，然后再和孩子一起讨论。

孩子是最富有创造力的，敢想、敢说、敢做，才能有创造。纵容孩子"不听话"，比一味教育孩子听话更有价值。让您的孩子回归淘气，焕发其童心、童言、童趣、童乐吧！

中国人教子有问题

八、独生子女家庭教育问题

1979年我国开始实行独生子女政策，至今独生子女的人口将近一亿，几乎涉及城市的每一个家庭。由于社会和家庭的急剧变迁，独生子女的家庭教育已成为一个十分突出的问题。中国的老一代人感叹："从来没有看到过这样难教养的孩子。"可以说，独生子女的教育牵动着千千万万父母的心。

胖墩，营养过剩惹的祸

晨晨(化名)，男，初中一年级学生，身高150厘米，体重68公斤。

晨晨经常吃的早餐：涂有厚厚巧克力酱的面包片、鸡蛋、400克牛奶；午餐：炒肉、炒蛋、蔬菜和米饭两小碗，有时候比他爸爸吃得还多；晚餐：炸鸡排、面条。若是赶上双休日或节假日，爷爷奶奶还会带他去肯德基，或给他做红烧肉、排骨。

晨晨最爱吃的零食：油炸食品、可乐、薯片、巧克力、奶油蛋糕。

晨晨一天的作息生活：7点起床吃饭上学，16点放学，回到家写作业；19点吃完晚饭，钢琴老师到家里教钢琴，之后看一会电视；21点上床睡觉。

父母为晨晨在双休日报了英语班和游泳班。晨晨每次上完游泳课，都要央求妈妈带他去吃烤肉。尽管游泳教练多次警告，晨晨身体超重，要注意饮食,可是每当他上完游泳课,妈妈都不忍心让他饿肚子。晨晨说,他最幸福的时候是妈妈带他去吃烤肉。

下面,我们来听听晨晨的母亲是怎么说的:"晨晨这孩子很聪明,在学校的学习成绩一直都不错,老师也特别喜欢他。可是他有时候回到家特别沮丧,我问他发生了什么事,他说学校里的同学又给他起了好多外号,像什么'圆肥'、'大肥'、'航母'之类的。我听了之后觉得我们家晨晨特可怜,也觉得特对不起他。细想想,都是因为我们做父母的有时候太娇惯他了,生怕他吃苦受委屈。有时候特别想狠下心来,让他参加减肥夏令营,可是又不放心。一是怕这些组织活动不科学,对孩子生理心理造成伤害;二是晨晨的爷爷奶奶比我们还娇惯这孩子,对于让晨晨减肥这件事,他们一百个不同意。可是总不能让他一直这么胖下去啊!他现在才11岁,刚上初中,以后的日子还长着呢。不要说肥胖会对他以后的就业、结婚造成什么不利影响,就是对他的身体健康也不好呀,听说肥胖的孩子容易得脂肪肝、高血压呢!一想到我们的孩子会面临这些未知的危险,我们的心就提到了嗓子眼。"

其实像晨晨这样的孩子在中国还有很多很多,他们单纯可爱,生活在爸爸妈妈、爷爷奶奶、外公外婆娇惯的蜜罐里,在家里受到万般呵护,却在学校受到其他小同学无意识的嘲讽。这对他们的心理发展造成了一定的负面影响。

 中国小胖墩的现状

1985年全国学生体质健康调查的资料表明,即使是在大城市,7~18岁的男、女青少年肥胖发生率分别仅为0.2%和0.1%。从1991年起,儿童超重的情况开始明显增多;到1995年,肥胖开始在大城市的儿童中流行,儿童肥胖问题逐渐引起全社会的重视;2000年前后,发达地区的大城市就已经全面进入儿童肥胖的流行期。以北京等六大省市的城区小学男生为例,其肥胖的发生率为12.9%,

这一数字已经接近中等发达国家水平。在2006年5月举行的"糖尿病论坛"上,中华预防医学会少儿卫生分会主任委员季成叶指出,目前北京等大城市是儿童肥胖的重灾区。

他说:"近5年来,中国儿童肥胖的发生率仍在继续增长,而且增长得很快,5年增幅达到12%到15%。"他还说:"目前,中国儿童青少年的肥胖在总体上还处于早期流行阶段。虽然中国出现肥胖流行的时间晚于发达国家,但与多数发达国家肥胖流行的早期相比,中国不仅在流行趋势的发展上更加迅猛,而且还具有鲜明的发展中国家特征。"据季成叶分析,中国儿童肥胖的流行程度总体上呈阶梯式分布,这种分布与城乡和地区之间的经济发展不平衡是相对应的。其中,北方沿海城市是中国儿童肥胖的高发地区。具体来说,北京、上海两地的儿童肥胖发生率最高,其后依次为其他大城市、中小城市、城郊和农村地区等。此外,北方地区的肥胖儿童多于南方地区;东部发达地区多于西部地区;男生当中肥胖的比例大于女生等等。而另一方面,中国儿童青少年的营养状况还存在着两极分化:在超重、肥胖儿童快速增多的同时,儿童营养不良的现象依然存在。这些都是中国作为发展中国家所特有的现象。

北京师范大学体育与运动学院院长毛振明一直从事青少年体质的研究,他把现在的青少年体质用"硬、软、笨"来概括。硬,即关节硬;软,即肌肉软;笨,即长期不活动造成的动作不协调。毛振明等体育教学工作者

> 少年强则国强。
> ——梁启超

指出,身体素质和身体机能的下降首先会危害青少年一生的健康;其次可能诱发心理的亚健康;再次,这些青少年如果在学生时期忽视了身体和心理健康的培育,那么在未来激烈竞争的环境中,就没有好的身体去应对竞争。

因此,有识之士指出,青少年的体质影响着国家的竞争力。为了培养未来的一代,中国投入大量的时间、精力和金钱,却培养出了不少胖无力或小胖墩,这怎能不让人忧心?

 胖墩父母的两大特征

像晨晨父母那样的家长在中国多得数不清。笔者认为这些父母具有两大特

征：

溺爱型——家长吃过苦，不忍孩子再吃苦

在发达国家，家庭越是贫困，父母的文化水平越低，儿童肥胖的发生机会就越大；而中国的情况则恰恰相反。中国的许多父母认为，自己小时候吃的苦太多，现在条件好了，尽量别让孩子吃苦。有的甚至说："要是我摸彩票中了500万，一定让孩子天天去玩，吃香的喝辣的，什么活都不让他做。"

> 美国研究人员近日公布一份报告显示，父母严格管教的6岁以下儿童发胖可能性更大，因为他们会在心理压力驱动下吃得过多。报告称，应该给孩子多一些自由的空间，多给他们一些自我选择的权利。

当然，这只是一个玩笑，反映的却是当代独生子女父母的一种心态。可怜天下父母心，为了让自己的孩子生活得快乐幸福，他们倾尽全力照顾孩子，默默地无私奉献着。孩子要吃的给吃的，要穿的给穿的，生怕自己的孩子受委屈。孩子要喝可乐，给买；要吃肯德基，也给买；自从出现了"苏丹红事件"，肯德基吃得少了，然而比萨吃得多了。总之，不能让自己的孩子想吃什么吃不上。看到孩子长得白白胖胖的，父母才觉得对得起孩子。

竞争型——外语、音乐、计算机，一个都不能少

"别人的孩子都在外面上辅导班，不是学钢琴、电子琴、手风琴，就是学游泳、网球、跆拳道，现在社会竞争这么激烈，我的孩子要是什么特长都没有，以后怎么能在社会上立足？"一些父母如是说，说得如此坚决也如此无奈。

一旦孩子因为种种学习压力而表现出叛逆的行为，便招致父母的胡萝卜加大棒政策："宝宝乖，好好学，等你钢琴过了5级，妈妈给你买好吃的。"于是，叛逆被镇压了，漠然的钢琴声又重新响起。

目前中国的孩子没有太多自我选择的机会，他们该做什么，该学什么，该吃什么，多数还是父母说了算，这无形当中增加了孩子的心理压力，导致过多的儿童肥胖。

这一研究成果还没有得到广大独生子女父母的重视啊！

八、独生子女家庭教育问题

中国人教子有问题

 家中出了"小皇帝"

"小皇帝"的产生与家庭教育中的问题有关。

传统的生育观念是多子多福，养儿防老。但孩子多了，父母对子女的关注度就相对分散了，对孩子们的呵护程度也就降低了。

可是自从计划生育政策实施以来，一般家庭只有一个孩子，于是孩子变得稀缺了。男孩或女孩都因为自己是家庭中的"唯一"而变得珍贵。他们成了父母的掌上明珠，捧在手里怕摔了，含在嘴里怕化了。在不经意间，父母用过多的感情因素，给了孩子过多的保护，培养了太多的"小皇帝"。他们不需要付出太多的努力，因为早有一班人马在一旁帮他操心；他也不需要太多的合作，因为大小事情都有"爱卿"落实。

"小皇帝"的众生相

目前，我国儿童在科教文卫方面受益程度有了很大的提高，例如在教育方面，根据2002年中国的国情报告，中国的小学入学率为95%，初中为80%，高中及大学的入学率达到60%以上，教育费用占整个GDP的2%。尽管如此，越来越多的独生子女出现了所谓的"小皇帝症候群"现象。这些"小皇帝"在享受衣食无忧生活的同时，其精神意志也在经受着一定程度的弱化；"小皇帝"的父母在无私奉献的同时，也尝到了自己用血汗种下的苦果……

"毒"生子女，以自我为中心

一位下岗的母亲曾经哭着说："我们的家庭经济状况不好，但是不管生活再怎么苦，我都没有让我们家孩子受委屈，为了他的成长，我费尽了心血。有一次我买了对虾,当时挑了最小的一个吃。谁知孩子竟对我嚷道:'这是我的,你给我放下!'你说我养这样的孩子有什么用!"

这能怪孩子吗?有谁教过他要学会谦让?有谁教过他要学会关心他人?有谁告诉过他自私不是好孩子?没有!他们所知晓的就是好玩的都是给我买的,好吃的都是给我留的,好看的好穿的统统都是给我准备的。在他们的意识当中从来就没有"谦让"两个字。一旦不顺"小皇帝"的心意,他们便开始撒娇耍赖,甚至会大骂出口,大打出手。与其说他们是在蜜罐中长大的,倒不如说他们是在溺爱的"毒水"中泡大的;与其说他们是独生子女,倒不如说他们是"毒"生子女。孩子们带给父母的"毒"是最直接、最深刻且赤裸裸不带任何掩饰的,当父母们看到自己的孩子是如此的"毒",难道不心痛吗?

说到这里,肯定会有很多家长在指责我危言耸听。在这里,我不想做过多的辩解,我只举一些例子说明问题。

例一 13岁的小强竟然在40天内接连对亲生父母下毒手,将他们用"毒鼠强"害死。而让这对夫妻死不瞑目的是,小强是他们的宝贝儿子,是他们一辈子含辛茹苦也不敢让他受半点委屈的独生子!

例二 记者采访被关押在看守所里的16岁的小丽,问她为什么将与自己相依为命的奶奶杀死。小丽的回答竟如此简单而坦然:"因为她不让我的男网友在家过夜。"

例三 巢湖某中学一个高中三年级学生,因外婆不让他看电视,一气之下将外婆杀死,事后伪造了外婆自杀的现场。

以上都是真实的案例,难道还不能够说明问题吗?没有哪个父母愿意把自己孩子的前途葬送,也没有哪个父母不愿意自己的孩子茁壮成长。可父母更应该学会怎么关心孩子。

 孩子心中只有钱最好

2006年,中新网进行了一项调查,结果显示,中国儿童长大后最希望从事的职业有:教师、医生、律师、警察、企业家、科学家、演艺明星、政府官员等。而当让孩子们在金钱、权力、才干、名誉4项中选他们最想获得的一项时,89%的孩子选

八、独生子女家庭教育问题

择了金钱。

调查中，有21%的孩子表示是为了上大学而学习，而71%的家长不了解孩子对自己未来的想法；34%的孩子回答：如果有钱，希望到国外留学，其中10%希望毕业后留在国外生活，因为外国更富裕，生活更舒适。

中国改革开放以来，拜金主义与物质至上之风不断蔓延。本应该是天真烂漫的孩童也没有逃脱拜金主义的魔爪。他们的父母是始作俑者，其一言一行无不在潜移默化地影响着孩子们的世界观、人生观、价值观。

当然，说孩子们有享乐主义、拜金主义的思想确实帽子扣得大了，充其量只能说他们有这方面的萌芽而已。但是我想，没有任何一个父母希望看到自己的孩子满脑子想的是如何赚更多的钱，怎么能够不用辛苦的付出便可以享受到最舒心的生活。在改革开放初期，如果说父母没有意识到培养孩子的理财意识的重要性还情有可原；但是到21世纪的今天，如果家长们还没有教孩子们如何理财，树立他们科学的理财意识的话，那是万万说不过去的。

今天，成年人面对着花花世界也会迷失方向，更何况那些根本就没有社会经历的孩童。这时候如果父母不帮助他们正确认识这个世界，只是一味地溺爱，那孩子们失去的不仅仅是童真，更可怕的是会失去可贵的东西——道德。

 孩子缺乏责任感是父母的痛

现在城市里有不少成年子女，他们有工作能力，有的甚至已成家，但吃、穿、用还要靠父母供给。人们把这一群体称为"啃老族"。据中国老龄科研中心公布的调查结果，目前我国有30%左右的成年人是"啃老族"。天津的50多名心理专家志愿者通过社区服务和网上调查，发现年龄在50~65岁的人群中，15%左右的人因为家里有"啃老族"而形成极大的心理负担。

某心理保健网的主办者之一、心理专家董浩在近10天之内连续接待了两名母亲,她们都是忍受不了"啃老族"儿子的精神折磨而产生了巨大的心理压力。这两位母亲,一位家境不好,夫妻俩月收入共1500元左右,儿子已经20多岁,中专毕业近两年,一直闲在家里,每天泡网吧,与朋友聚会;没钱了就向父母要,父母不给,就对父母拳脚相加。另一位母亲事业有成,儿子虽然学历不高,但她努力为儿子创造了不少工作机会。但儿子干每一份工作,都不到一个月就辞职了,最后干脆什么也不做了。他告诉母亲:"除非让我做经理,否则什么工作也不做了。"两位母亲虽然很痛苦,但谁都狠不下心对儿子说个"不"字。

心理专家们分析"啃老族"的心态,归纳为7种情况:一是学历不高,技能不够,就业又过于挑剔,什么也不想干;二是家庭条件优越,没有经济上的任何压力,根本不想工作;三是从小就娇生惯养,认为父母就应该养着自己,找父母要钱天经地义;四是受到周围环境的影响,看到朋友、亲戚"啃老"的生活也不错,把就业的打算也打消了;五是有创业幻想的人,总以为自己可以做大事,在没做成以前先靠父母,以后自己会报答的;六是从单位下岗的年轻人,觉得在家闲着比工作时轻松自由,从思想上就懒得工作了;七是逃避现实,看到同龄人找工作不容易,工作压力大,不愿意面对这些考验。

从"啃老族"的情况看,90%以上小时候都是"小皇帝",不是独生子女就是家里最得宠的孩子。他们从小就受到父母溺爱,养成了以自我为中心的思想。而父母到了被子女"啃"的时候还是不能忍心让孩子自立,这就更助长了孩子的惰性。所以,要想让自己解脱出来,就必须让成年的子女离开自己的保护,彻底"断奶"。

在我看来,很多父母都没有想过,一味地娇惯溺爱子女,不仅不能让孩子成才,反而会让他们成为"小皇帝"、"小公主",养成他们好逸恶劳、缺乏责任心的恶习,最终被激烈的竞争所淘汰。

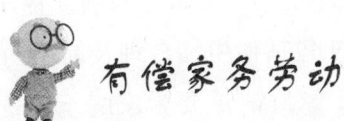
有偿家务劳动

有位母亲在某网站的论坛上提出了一个关于独生子女做家务的话题,反响强烈。她说:"我们在家里要求阳阳做一些力所能及的家务活,比如早上起来自己叠被子,放学回家整理鞋架,早晚自己洗漱等等。阳阳基本上都能按照和我约定的要求去做。今天晚饭后,阳阳居然主动提出来要清洁鞋架。他拿着抹布仔仔细细,从上到下,从里到外,把鞋架擦得干净了许多。阳阳看着"改头换面"的鞋架,很有成就感。后来,他来劲了,又提出要帮助父母擦鞋。我怕他太累了,让他明天下课回来再说。谁知,在一旁看电视的爸爸当场承诺:'阳阳,你每次帮爸爸擦一双鞋,爸爸就给你1块钱。'阳阳一听,精神头更足了,立即把爸爸、妈妈和阿姨的鞋子都擦了。孩子擦完了3双鞋,向父亲索要3块钱。既然丈夫已经说出口了,也不好收回啊。但我觉得每双1块钱有点多,建议改为5角。阳阳从此开始了有偿劳动。这和我要引导阳阳通过劳动培养自立、孝心的初衷是相悖的。在我们周围,也有其他父母用这种方式鼓励孩子参与家务劳动。不知道大家怎么看待这个问题,一起聊聊吧。"

关于这个话题,回帖响应者众多,基本上可分为正反两大阵营。

正方的观点是:

☆这样做可以培养孩子树立正确的金钱观念,通过劳动赚钱,通过小钱的积累增长财富,合理支配自己的钱。

☆现在好多小学生平时花钱很随意,觉得父母给自己钱是天经地义的。家长让孩子通过劳动创造价值,体会赚钱的不容易,从而学会节俭的做法是对的。

反方的观点是:

☆孩子应当干点家务,这样他从小就会体谅爸爸妈妈的辛苦。

我们家每天吃过饭,收拾碗筷和擦桌子都是儿子的事。他还干一些小事,比如开饮水机电源,给爸爸妈妈泡茶。现在的孩子不懂得参加劳动的重要性。儿子做这些也不一定明白劳动的意义,可大人还是要坚持帮助孩子,引导孩子。

☆孩子做什么事不能用金钱来引诱,要用心去引导他。

当然,还有一些观点比较中立,比如有的网友提出"可以把要孩子做的事分成两部分。一部分是基本的,包括他生活自理及简单的家务,这是让他懂得"自己的事要自己做",以及"每个家庭成员要为家庭承担责任"。这部分劳动不必付费;另一部分劳动是额外的,可以给适当的报酬。

但是这就出现一个难题,到底应该如何界定所谓的额外呢?我想这对所有父母来说不是一件简单的事情。

 与其以钱诱人，倒不如以情动人

不管是支持有偿家务劳动还是支持无偿家务劳动，笔者认为双方争论的核心问题是如何有效地培养孩子的责任心和独立性。通过签订劳动协议的方式培养孩子的独立性不是不可以，但这样做负面作用很大。而且如果掌握不好的话，很容易让孩子养成拜金主义的恶习。

有位家长向我们讲述了这样的故事："我想让女儿体会劳动养活自己的道理，于是把要求女儿所做的家务、自我服务和学习等项目一一标上各种不同的价格，这些钱合起来，正好是每天为女儿花销的钱数。女儿还小，能做的事不多，每项劳动所得就显得数额巨大，一天能挣几十元钱。女儿很高兴：'我多能干呀，我的学费、伙食费都是自己挣的。'有时忘了铺床，没按规定时间弹琴，被扣了钱，女儿也满不在乎：'扣就扣吧。'"根本起不到锻炼子女的目的。但是如果不讲方法强迫孩子们去劳动，逼迫他们做不愿意做的事情，必然会让孩子产生抵触情绪，这也不能起到锻炼子女的目的。

笔者认为最有效的方法不是通过收买的方式去培养，也不是通过强制劳动的方式去逼迫，而是要采用多种手段让孩子具备一颗感恩的心。我们常说的孝道，就是要求子女对父母感恩。感恩是一种做人的品德，是一种处世哲学。人人都应常怀感恩之心，感激生育你的人，感激抚养你的人，感激教育你的人，感激帮助你的人……感恩是一种美好的情感，是人性和人的高贵之所在。孩子们只要有了感恩之心，他们就会明白父母的辛苦为了谁，也就会从内心萌发为父母分担责任的想法。而这才是最有效的方法。父母要学会以情动人，而不仅仅是以钱诱人。

 怎么培养孩子的感恩之心

首先，家长要明白劳动的意义。劳动在一个人成长的过程中起着至关重要的作用。而现在许多家长还没有意识到劳动对孩子成长的重要性。不忍心让孩

中国人教子有问题

子做家务,怕孩子累着摔着碰着;担心孩子长时间做家务劳动会影响学习成绩;就算有些家长愿意让孩子做做家务,可是那些被宠坏了的宝贝们已经养成了懒惰习气……

> 前苏联教育家苏霍姆林斯基说:"体力劳动对于小孩子来说,不仅是获得一定的技能与技巧,也不仅是进行道德教育,而且还是一个广阔无垠惊人丰富的思想世界。这个世界可以激发儿童道德的、智力的、审美的情感。"

"中国城市独生子女人格与教育"大型调查,对10~14岁儿童从事家务劳动的状况作了调查,结果令人震惊:相当多的独生子女不干家务或很少干家务。在调查所列的5项劳动种类中,只有15.5%的孩子经常购物;11.6%的孩子经常打扫卫生、整理房间等;8%的孩子经常洗碗、洗菜等;6.6%的孩子经常洗衣服;3.9%的孩子经常做饭。从上述数据来看,比例都是相当低的。另外,有69.7%的孩子明确表示从没做过或很少做饭;63.2%的孩子表示从没洗过或很少洗衣服;48.1%的孩子表示从没做过或很少做洗碗、洗菜等简单家务劳动;38.6%的孩子表示从没买过或很少买东西;31%的孩子表示从没做过或很少做打扫卫生、整理房间这些力所能及的事情。

如果孩子们连这些事情都不会做或者不愿意做,那他们以后走向社会拿什么去竞争,一屋不扫又何以扫天下呢?

其次,要身体力行,做孩子的好榜样。有一则这样的广告:孩子看到自己的妈妈工作劳累了一天,可回家第一件事情是给外婆洗脚,于是这个孩子也学着妈妈的样子打水为她洗脚。当妈妈看到孩子如此懂事,留下了感动的泪水……

父母是对孩子早期发育影响最大的人。父母的一言一行无不在潜移默化地影响和培养着孩子们的性格和能力。所以,在劳动中培养孩子的感恩之心,父母首先就要有感恩的意识。

最后,也是最重要的一点。要孩子参与到劳动中来,让他们感受劳动的辛苦和父母的不易。现在的孩子一遇到挫折就想不开,总觉得这个世界是欠他的。因为他们所有的需要都被父母无条件地满足了,于是就认为别人的给予都是应该

的。山东师大附小在三八妇女节的时候搞了一个很有意义的活动,老师让孩子把双肩背的书包挂在胸前走回家,然后做家务,体验母亲当年怀孕的辛苦,以此作为感恩教育的一个环节。可想而知,活动的效果也是很显著的。

所以,与其说通过家务劳动培养孩子的理财意识,倒不如说是培养孩子的感恩意识。不是因为后者比前者重要,而是因为通过家务劳动更容易培养孩子们的感恩意识,更能够有效地培养他们的自理能力。在劳动中学会感恩,不仅孩子受益、家长受益,社会也受益。

 被囚禁的"笼中鸟"

"笼中鸟"现象

《厦门晚报》有一则消息:记者在灌口上塘村采访发现,有一些小孩子被家长关在家里,一关就是一整天。这些孩子大部分是外来务工人员的子女,或许是因为害怕,或许是因为寂寞,有的孩子忍不住放声大哭。

林女士说,女儿今年才5岁,在老家上幼儿园,暑假时来到厦门。由于她和丈夫白天都要上班,他们不放心5岁的女儿到处乱跑,只好把女儿锁在家中。林女士也承认,女儿这样痛苦地哭了三四天,她每次中午下班后跑回家,远远就听到女儿喊妈妈的哭声,连嗓子都哭哑了,哭干了。

记者在采访时发现有许多孩子被关在家里,孩子们不是睡觉,就是在看电视或上网,紧闭的铁门里面不时传来哭声。这些孩子很机警,打开房门看见陌生人后又立即关上。

9岁的小红见到记者时显得非常冷静,她在附近的学校读书,她说已经习惯了一个人被关在家里的日子。她选择睡觉或者和弟弟做游戏,只要忘记父母不

在家,他们才不会感到孤独,才不会害怕。

一些外来工家长对记者说,他们也想让孩子有很快活的假期,但家长都要上班赚钱,没空管孩子,只能让孩子自己玩。他也想送孩子去培训班,可费用太高负担不起。暑期天气太热,孩子外出又很危险。

一位家长还说,随着内地进城务工人员的增多,现在的孩子也成了"候鸟":平时在老家读书,假期到父母身边。失去了老家的玩伴,新的地方也没有朋友,这种"候鸟"就变成"囚鸟"了!

其实,不光是外来务工的家庭中存在"囚鸟"现象,只要是双职工的家庭,或多或少都存在这种现象:一到寒暑假来临,家长都要出去上班,而爷爷奶奶、外公外婆又不在身边,为了安全起见,只能把孩子锁在家中,就算有祖辈照料,也因为年龄相差太大,沟通困难,使孩子产生孤独的感觉。

 "囚鸟"很孤独,后果很严重

看到下面两个案例,我想很多父母都有颇多感触。

个案一:7岁孩子只理玩具不理人

今年7岁的阿明(化名)就读于广州番禺区某小学一年级,由于父母工作较忙,没有太多时间陪孩子。父母从小就给阿明买玩具,从过去的几十元的娃娃熊到如今几百元的航天模型、汽车模型,阿明的玩具越来越高级。

但阿明的父母近日却发现,阿明变得越来越沉默寡言。放学回家后,不是呆坐在客厅看电视,就是钻进自己的卧室摆弄航天模型,常常一弄就是几个小时,到了吃饭时间,往往要一再叫喊才肯出来。另外,阿明对陌生人很冷淡,家里来了客人,他从来不理睬。据老师反映,他在班上也不和同学们交往,人缘不太好。就算和别人说什么,也大都离不开航天模型、汽车模型,让别人感觉怪怪的。

经过医生系统观察和检查分析,发现阿明并不是自闭症,而是长期得不到交流导致的社交障碍,如不及时加以引导,可能影响孩子今后的沟通交流能力。

个案二：初一学生沉迷虚拟游戏

海珠区某中学初一学生阿亮(化名)，家里条件很好，但父母没时间管教孩子。父母担心孩子结交坏人，不让他到外面和同伴玩，把他关在家里学电脑。学着学着，孩子"自学成才"迷上了网络游戏，每天规规矩矩地待在家不出去，整天对着电脑玩虚拟游戏，最后对其他什么事都不感兴趣了。

父母后悔不迭，后来拔掉网线不让孩子上网，但已经成瘾的孩子便偷偷到网吧去玩，还发展到偷家里的钱去玩。无论父母怎么劝说训斥，孩子仍然不能自拔。原本性格内向的孩子变得非常暴躁，动不动就与人发生争吵，有几次在学校还因为小事把同学打伤了。

把孩子关在家里，既保证他们的人身安全，也防止他们在外面惹是生非。这种做法虽然能使父母少操心，但孩子的身心发展肯定会受到很大的负面影响。

首先，会影响孩子良好性格和品质的形成。成天把孩子关在家里，因其对环境非常熟悉，没有新鲜感，他们会感到生活枯燥无味，容易变得孤独、任性和思维迟钝，还易形成唯我独尊等坏毛病。而经常性地参加同龄人的户外活动，能培养孩子的集体意识、团结精神和勇敢顽强的品质。

其次，不利于孩子智力素质和非智力素质的培养。封闭的家庭环境使父母培养孩子智力素质和非智力素质失去了基础。而丰富多彩的外部环境会使孩子眼界大开，兴趣大增。在和同龄儿童共同的游戏和学习中，其观察能力、记忆能力、思维能力以及分析问题、解决问题的能力都能得到提高；孩子的自尊心、自信心能加速形成，克服困难的意志也得到了锻炼。

再次，会影响孩子人际交往能力的培养。游戏和交际活动是孩子们生活的主要内容，为其日后进入社会具备所必需的交往能力奠定基础。长期关在家里的孩子，远离群体活动，是无法具备这种基本能力的。

《信息时报》曾经报道广州心理病患者儿童占了1/4。而全国一项儿童心理卫生流行病调查结果也表明，儿童心理患病率为5%，男女的比例为3∶1。儿童心理病症包括行为障碍、抽动症、多动症、对立违抗、抑郁症等。儿童长期处于孤独状态，独自玩玩具或网络虚拟游戏，没有玩伴一起进行自发性健康集体游戏，也在很大程度上导致这些心理障碍的发生。

另据广州市脑科医院儿童心理科门诊统计,几乎每月都有五六名孩子因为整天闷在家里而被忧心忡忡的父母认为患上自闭症,送到该院寻求诊治。

  请带着孩子一起玩

广东省社科院现代化发展战略研究所李暘教授认为,儿童游戏文化是儿童成长过程中不可忽视的精神营养素。成长过程中缺乏儿童游戏生活,或者过多浸泡在虚幻的、变形的、非正常的精神世界的人,在步入社会时会遇到难以预计的困难;在心理上产生孤独、幽闭、自卑、狂躁等病态心理,难以融入社会,表现为冷漠孤僻、以自我为中心、交际生硬、行为失调、反应过度、缺乏控制,乃至触犯法律伤害他人等社会行为。这样的孩子步入社会后,在与人交往、与人合作以及理解和宽容他人方面就可能存在不足。

目前独生子女多、独门独户多,父母要给孩子们创造玩的条件。请家长们一定要带着孩子一起玩,孩子一旦掌握了玩的技能,并在玩的过程中获得美好的体验,就会自发地组织同龄人一起玩。

让"囚鸟"冲出牢笼在天空翱翔吧!

 "娘娘腔"为何多起来

  "宝哥哥"被迫三次转学

成都青羊实验中学校长办公室里,来了一位特殊的学生——因为性格和行为太像女生,他要求转学到该校读书。这已经是他第三次转学了。

校长说:"当时在我的办公室里,一看到他,我的第一印象就是,这个娃娃简直就是一个女的,一说话,就扭腰、扭屁股,手掌还在脸前扇,爱把头低侧在一边,感觉很娇羞的样子。"

男孩叫小悦,有姐姐、妹妹和表姐、表妹;平常照顾小悦的,主要是母亲和奶奶。不知不觉中小悦就养成了女孩子的一些习性。上小学,由于班上的同学常嘲笑他,他坚决不去学校,结果转了两次学。去年考上初中,结果同学给他取了个"宝哥哥"的绰号,不但男生不喜欢他,女生也不喜欢他。小悦又不去上学了,不得不第三次转学。

校长收下这个转来的学生时,给了他爸爸一个附加条件:每周必须抽出时间,陪小悦跑步、游泳、登山甚至到他们自家开的酒楼去干洗碗的活。

儿子挨打不还手

许先生是某中学的校长,教了几十年书,最近被一件事情苦恼着:13岁的儿子小帆已经上初二了,可是性格非常内向,缺乏阳刚之气。

许先生的儿子小帆在成都育才学校读书,他说了一件记忆非常深刻的事。上初一时,有个学生放学后在学校附近欺负小帆,被路过的同班同学看见。他们连忙跑到学校去叫许校长。"当时我看到的情形是,那个同学骂他、推他,还动手打他,我儿子低着头,两手抱在胸前,缩着身子,不住地往后退。"许校长不解地说,"令我气愤的还不是打小帆的那个同学,而是我的儿子。那个同学还没有我儿子的个子高,也没有我儿子长得壮实,我就想不通儿子为什么那么害怕,那么没有勇气。"

原来他们家族中的小孩也都是女孩。受她们的影响,小帆读小学的时候就像一个女娃娃,说话细声细气,动作斯斯文文;有的时候有一点过失,只要家里人稍微说重一点,他就会哭得很伤心;就连去书店买一本书,他也必须在父母的陪同下才敢去。

哭着不愿离开妈妈

在某小学校门口,每天上学的时候,都会上演这样一幕:一个小男生,将头靠在妈妈的身上,紧紧地抱住妈妈的腰,不愿让她离开。孩子长得比较壮实,个子1.4米左右。妈妈蹲下身劝说了好一阵子也不起作用,最后只能采用惯用手法——由学校保安将孩子强行抱进校园。"我不

去，我不离开妈妈！我不离开妈妈！"孩子的哭声从一楼一直响到二楼的教室，同学和老师已经见怪不怪了。

校长说，从开学到现在的一个多月中，这个孩子都是这样，缺少同龄男同学的坚强和勇敢。

像这样俗称"娘娘腔"的男生还有很多很多。所谓娘娘腔，指的是男孩行为上某种程度的女孩化，表现也因人而异，不尽相同。其中较典型的有：说话爱发嗲，走路踩碎步，举手投足动作忸怩，爱哭，爱跟女孩子玩等等。与之相对的便是假小子。她们或留着超短发或穿着宽松肥大的运动休闲服，打扮得像男孩一样，性格直爽、开朗，经常和一群男生称兄道弟。我们可以用"中性化"这个词涵盖以上两种现象。

 性别教育在哪里？

那么，这么多的"娘娘腔"是怎么产生的呢？

有种看法认为，"娘娘腔"是由于家庭和学校中有关性别教育缺失造成的。家庭教育的失误是造成男学生性别感错位的第一个原因。因为家庭教育一般由母亲负责，父亲的角色和作用相当一部分已经淡出家庭了。

另一种看法认为，"娘娘腔"是中小学女老师比例过高造成的。这是"娘娘腔"产生的第二个原因。在小学，女教师占了教师总数的80%左右，初中占70%左右，高中占50%~60%。甚至在体育教师中，女教师的比例也相当高。很多专家认为，学校里面女教师过多，对学生健全人格的形成有不利影响。

笔者不是很同意上面的说法。如果上面的观点可以解释"娘娘腔"产生的原因，那"假小子"现象是怎么产生的呢？难道学校里面女教师的比例过高不仅会使男孩表现女性化，也会使女孩表现男性化吗？这在逻辑上是绝对行不通的。

那么，到底是什么原因导致了这种反常现象呢？笔者认为最主要的原因是**家庭和社会性别角色教育的缺失淡化了孩子的性别意识**。所谓性别角色教育，是指不同性别的人应该与社会关于性别的"原型要求"相适应。虽然当今社会追求男女平等，但这种平等是在尊重自然性别特征前提下的平等发展，是塑造人格的平等，不是性别无差异的平等。不论是男孩还是女孩，都应在发挥自己

"性别"优势的基础上,注意向异性学习,克服自己性格上的弱点,促进身心的全面发展和人格的完善。这在心理学研究中叫做"双性化"发展,而不是"中性化"。有些家长,特别是母亲,常常会当着孩子的面说"我真想有个女儿(儿子)",或"我但愿他(她)是个女孩(男孩)"等表示自己期待的话。殊不知说者无心,听者有意,长此下去,男孩或女孩便可能在自觉或不自觉中将自己的行为方式和性格特征有意向对立面靠拢。更糟的是,还有的父母出于对性别的偏爱,竟然将自己的男孩装扮成女孩模样,将女孩当做男孩来教养。无疑,父母的这类做法将在一定程度上助长孩子"中性化"的倾向。有专家认为,"中性化"不一定是坏事,但"中性化"是要综合男性和女性的优点,而不是简单的男人女性化和女人男性化。性别教育应该得到更多的关注,甚至可以把它作为一门课程搬进课堂。在现在的家庭教育中,为了增加社会生存的砝码,一些女孩子被教育得越来越"强势",一些男孩则受到家庭无微不至的呵护,反而养成了文弱、多愁善感、"娘娘腔"等习气。家长不要认为生出来是男孩,以后就一定会从生理、心理上成为一个男孩,孩子需要更多的社会角色教育。我们在性教育方面,往往局限于性生理教育,忽视了特别重要的性别角色教育。如果这种"阴盛阳衰"的现象长期存在,从长远看会导致社会性别结构的不平衡,不利于整个民族素质的提升。

性别角色要从小教育

对孩子进行性别教育入手要尽早,甚至当孩子学说话时,妈妈就应在生活的方方面面开始把性别告诉孩子。这里,中国的父母不妨学学新加坡特色的性别教育。

新加坡的年轻妈妈常常会告诉孩子:"你是男孩不是女孩","你是女孩不是男孩"。为了使孩子有清晰的性别角色概念,父母还会故意对一个小男孩说:"You are a girl!"(你是女孩!)尽管他还不满两岁,他仍会很生气地大喊:"No! I am a boy!"(不!我是男孩!)

新加坡的妈妈们会精心地为孩子挑选男用品、女用品,有时因为颜色花样的缘故她们还会向营业员询问是男装还是女装。这样做可以让孩子知道,衣服也是有男女区别的。

在新加坡的幼儿园,幼儿的厕所也是分男女的。幼儿入园第一天,认识厕所便是第一课。男女厕所的门上,分别贴着男女标志。这个标志与公共场所的厕所标志比较接近。

教男孩要有男子汉气,教女孩要细心,这是一般新加坡父母的育儿观。母亲送儿子上幼儿园,遇到孩子哭着黏着妈妈不肯走,妈妈会坚定地说:"不能哭,男子汉不能哭。"男孩便强忍着不让眼泪落下来。

对子女的性别教育是家庭性教育必不可少的方面,新加坡的家教可以让我们得到一点启发。随着我国独生子女成为一代人,性别认同会越来越重要。要让我们的每一个独生子多一些阳刚,让独生女多一些柔美。

 给"421综合征"把脉

 什么是"421综合征"?

一位儿科医生讲述了几件发生在儿科诊室的趣闻:

妈妈抱着两岁的儿子来看病,症状是很平常的小儿感冒,可后面跟着一大拨相关人等,包括爸爸、爷爷、奶奶、外婆、外公,还有家里的小保姆。护士请他们到室外等候,以免妨碍医生的诊断。诊断期间,一会是奶奶进来问孙子怎么了,要注意吃什么不吃什么;一会是外公在窗外探头询问:病情严重吗?要打针吗?令医生哭笑不得。明明10分钟的看病时间,为了应付家属左右开弓的盘问,硬是拖了25分钟。

一位妈妈抱着1岁的孩子来看病,医生吩咐检查一下大便。此言一出,孩子的家人全部出动抢着哄孩子大便。从妈妈到外婆,从爸爸到爷爷,都来一试身手,令儿科诊室热闹非凡。结果孩子看着这么多的大人在眼前晃动,反而便意全无。

一个孩子发高烧,本来服药即可,可是爷爷奶奶偏要给孩子打针退烧,说是病可以好得快。爸爸妈妈都同意医生的处方,但爷爷奶奶不同意。

大人爱孩子爱到骨子里,希望尽早给他进补,结果弄巧成拙。儿科诊室接待过一个年仅3岁的小孩,嚷着说自己头痛,已经3天睡不着了。经过检查,也没有什么异常的状况,细细询问才知道爱儿心切的父母给儿子炖了高丽参鸡汤,大热天的给孩子喝下去,过度的燥热引发一连串症状。父母看到电视上的宣传,认为孩子患病应该服用一些增强免疫系统的高级药品。于是动不动就要求医生给孩子使用转移药物因子、复合氨基酸注射液、丙种球蛋白等药物,每每让医生费尽口舌加以解释。这些增强免疫系统的药物,虽说可以增强体质,但在孩子没有病的情况下服用就有点过了。

以上这些案例都有一个共同特征,我们称之为"421综合征",即爷爷奶奶、外公外婆祖辈四人,爸爸妈妈父辈二人,照顾独生宝贝一人。

 "421综合征"的后遗症

现在家庭的下一代都是独生子女,对小宝贝爱护是应该的,但过度的溺爱无异于拔苗助长,会产生严重的后遗症。下面这个案例足以说明问题。

24岁的伟和22岁的敏是独生子女,半年前结婚,过上了"1+1"的小日子。"没想到一个星期不打扫,家里会有那么多灰尘!"两人"夸"自己,现在居然能察觉到窗子有点儿脏,而原来和父母同住时,这是"一生一世都不会管的事"。"成家后,两个人半斤八两,谁能依赖谁?"他们说,现在正处于第二次"断奶期"。

社会学家将独生子女定义为"第五代人",而其中像伟和敏这样20世纪70年代末80年代初出生的"第一族群",已经步入了婚恋年龄。在这一代独生子女父母的眼里,自己的孩子还远不够成熟,20多岁的人,"生活自理能力还是很差"。

有调查数据显示,独生子女组建家庭,在经济许可的前提下,七八成会选择雇用钟点工料理家务;而将下一代交给祖辈或保姆养育的更是不在少数。独生子女"421综合征"的最大特点,就是缺乏生活自理能力,他们的社会化链条有中断环节,所以需要借助社会的配套服务来填补。但独生子女们会逐渐意识到,历史的欠账还是要自己来还,谁都不能替代。

中国人教子有问题

 "421综合征"的病根

病根主要来源于隔代教育的缺陷,或者说隔代教育使下一代人的认知出现了偏差。"421综合征"是由于隔代亲这种人为心理造成的,这是由于人类对自身延存生命的一种潜在心理意识在作祟。年老的上一代人意识到自己生命将息,不久于人世,而替自己活下去的是自己的孙辈们,当这种强烈替代意识产生的时候,就形成了强大的隔代亲现象。所以,这就是隔代亲产生的心理根源和社会因素。

这种根深蒂固的隔代亲,一方面使家庭教育产生了不作为现象,父辈想教育孩子,祖辈可能认为太严厉了而大加阻挠,影响家庭教育的正常进行,甚至很多家庭的主要矛盾,往往由其他因素上升为对孩子的教育对立。另一方面,这种教育理念养成了孩子们骄横的生活意识,有意无意地使孩子成了衣来伸手,饭来张口,事事指挥人的纨绔子弟。这是一个家庭的悲哀。

造成"421综合征"还有一个原因,即由于上一代人对下一代人强烈的还愿情绪造成的。这种强烈的还愿情绪,是由于如今的父辈,大多成长在"文化大革命"或改革开放的初期,他们经历了贫穷和走向富裕的两个不同的时期,强烈的环境反差使他们内心有一种合理的、必然的求富心理。这样,一方面因为富的标准不同,父辈们总感觉自己是穷人;另一方面,他们也总想把这种求富心理寄托在下一代人身上,把自己无法实现的愿望,强加在孩子们身上。他们在孩子呱呱落地时,就给他们规划了宏伟蓝图。因为过高的期望值和过重的压力,使孩子的心理出现了早熟。毕竟孩子成长要有科学的指导,如果我们揠苗助长,就要闹笑话和干傻事了。

 消除孩子身上的纨绔意识

首先,祖辈和父辈要相互沟通,统一教育孩子的思想。教育孩子是双方共同的任务,当然也是整个家庭生活的重要一环。

其次,社会不仅要办好各种学校教育,还要办好家长学校。家长学校可以依靠学校教育来进行,引导家长教育好孩子;当然也可开办祖辈家庭教育短训班,教会祖辈们正确教育孩子的方法,尽量避免"5-2=0"("5-2=0"现象是指学校辛辛苦苦教育一周,回家双休两天,便将一周学校教育效果全部抵消的现象)的家庭负面教育的影响。

再次,教育是一个多棱镜,三代或者四代人,都要相互教育,平等相处。下一代人要向上一代人学习,上一代人当然也要向下一代人学习。除相互学习外,还要相互监督、相互促进,铲除陋习。可是如今在家庭教育中,我们还存在较严重的封建家长制这样一种简单粗暴的家庭教育方式。这不仅影响孩子的健康成长,也会使孩子出现心理偏差。

最后,教育本身就是一个综合的系统工程,需要社会、学校、家庭的通力合作。要消除"421综合征",社会、学校、家庭三方面都要拿出实际行动,不能让"421综合征"害了我们的未来。

九、早教领域的新问题

孩子为什么不停地啼哭？人生最佳开端是否越早越好？奶爸角色为什么不能少？对于这些问题，父母在生育、养育我们的时候从来没有考虑过。那时他们还不知有这些问题的存在。今天在我们自己做父母的时候，科学的进步让胎教和早教这些新玩意儿走进了家庭生活，家教领域现在出现诸多新误区，是可想而知的。

孩子的啼哭与秩序

著名的儿童教育家玛丽亚·蒙台梭利在《童年的秘密》一书中讲了这样一个有趣的故事：

主人公是一个出生大约6个月的小女孩。一天，她待在一个房间里，碰巧一位妇女走了进去，并把阳伞放在了桌子上，于是，这个孩子变得不安起来。她之所以如此，并不是因为那位妇女，而是那把伞的缘故。小女孩对着那把伞看了好一会儿，然后开始哭起来。那位妇女以为她要那把伞，就拿起它，微笑着送到她面前。但小女孩把伞推到了一边并继续哭喊。那位妇女安抚她，但毫无用处，她变得更加焦躁不安。

怎样才能使她不再哭闹呢？她那富有心理洞察力的母亲把伞从桌子上拿走，并把伞放到了另一间屋子里，小女孩立即安静了下来……原来，使这个6个月大的小女孩不安的原因是那位妇女把伞放在了桌子上，可这又怎么了呢?是不是伞吓到了宝宝呢?除非伞是个非常奇特的事物,有着吓人的特质,这个假设才可能成立。而从儿童行为学的角度讲,越小的孩子其恐惧的东西是越有限的,所谓无知者无惧。伞作为日常生活用品,宝宝可能早就熟悉伞了,即使不熟悉,它也不具备吓人的特性,除非有人曾经故意用伞吓过宝宝:比如,将伞与宝宝的原始恐惧联结起来。那么,伞怎么会惹哭宝宝呢?这里其实隐藏着一个巨大的生命秘密——秩序。

   宝宝的生活需要秩序

> 儿童最原始的恐惧有三种:高位置、高噪音与突然下降。
> ——行为主义大师华生

什么是秩序呢?秩序就是一种物放有序的内部知觉或者记忆。简单地说,就是一种规则、一种规矩、一种条条框框。比如,上面讲的那个6个月大的宝宝之所以被伞弄哭了,原因不是伞可怕,而是伞放错了地方:在那个小女孩的思想中,桌子上是没有伞的,伞严重打乱了这个小女孩物放有序的记忆方式,所以才让她烦躁不安。没有想到吧,这么小的孩子就如此倔犟地守规矩了,看来秩序与孩子的成长密切相关,那么这里面到底有什么深刻的意义呢?

☆秩序让宝宝感到熟悉,感到安全

我们都会发现,孩子在熟悉的环境中往往放松、自然,而在陌生的环境中则会变得紧张不安。原因很简单,熟悉的环境里往往有他认为安全的元素:爸爸、妈妈、爷爷、奶奶或者玩具小熊、小被子等等;而陌生的环境中多少出现了一些异样:不同的房间色彩、不同的家具摆设、不同的人、不同的玩具、不同的楼梯、不同的声音等等。

也就是说熟悉是安全感的基础,而对于宝宝而言,熟悉就是秩序井然:穿的、吃的、用的、玩的、家具摆设、灯光墙壁等等都是老样子,人也是老样子,大家都各就各位,所以就熟悉了。形象地说,就好比宝宝脑子里有一张地图,将他身边的人、事、物都做了精细的定位,而这些往往是带给他安全感的元素。当他在一个环境中的时候,他就用他头脑中的地图开始比对,如果完全相同,那么他就会坦然自若,如果环境里出现了与地图上不同的地方,那么宝宝会酌情考虑:如

九、早教领域的新问题

果环境完全不同,完全破坏了原有的秩序,宝宝没有了安全元素,自然就会非常不安,甚至哭闹不停;而如果只有一丁点的定位差异,在足够的秩序中宝宝仍然有安全元素支撑,那么他刚开始有少许不安,随后也就平静了。

因此,做父母的,这下可以理解宝宝了吧——

为什么宝宝出生的时候会哭,因为他彻底离开了一个秩序,要重新建立新的秩序了。

为什么四五个月的时候要让宝宝吃辅食,他会哭,因为辅食不在他的原有秩序里。

为什么七八个月的宝宝见到陌生人的时候,他会哭,因为陌生人不符合秩序,陌生人的长相、声音、穿着等等都不在宝宝的脑地图上。

为什么当宝宝哭得厉害时,只要最亲爱的妈妈或者外婆来了,他就乖了下来,因为宝宝在焦虑中找到了亲人这一秩序元素。

说到底,秩序就是一种孩子内心认可的环境。

☆秩序给了宝宝学习的基础,让宝宝在稳定中不断发展。

学习需要积累。积累是将外面的知识、信息不断纳入自己的知识结构中,使自己的知识结构不断扩充、完善。而积累需要基础,需要最基本的一些确定性的知识,秩序就提供这样的确定性。比如,孩子要认识3,就必须先认识1;孩子要认识外婆——妈妈的妈妈,就必须先认识妈妈;孩子要认识复杂,就必须先认识简单。

我们继续用宝宝的地图打比方。虽然宝宝脑子里有了一张地图,但这张地图并非一成不变。他会根据经验而逐渐完善地图,将本来不符合秩序的东西逐渐变得符合秩序,使之越来越丰富多彩,越来越可靠安全,但这是一个需要足够时间的过程:

为什么辅食要一样一样添加,让宝宝熟悉一种,再添加另一种,而不能一下子添加很多。这里除了生理上的原因外,很重要的也是满足心理的秩序。

为什么在入托前带宝宝先去熟悉一下环境会更好，就是因为有妈妈在身边，会让宝宝更容易将无序的陌生与原有的秩序联结起来。

为什么对于年幼的孩子而言，不是玩具越多越好，或者听的故事越多越好，而是有节制地给予，以便更有效地帮助孩子重建秩序。

因此，在父母越来越肯为孩子花钱、越来越想尽早地开发孩子智力的今天，更要强调秩序对孩子的重大意义。**年龄越小的孩子，越需要简单、单一的刺激，这样才有利于秩序的建立。**我曾经在幼儿园里遇到过一个孩子，快4岁了，还说不了一句完整的话。孩子生理正常，问题出在家里。孩子家的语言环境太复杂了：母亲说上海话，父亲说普通话，奶奶说苏北话，爷爷是山东话，小保姆说安徽话。这样的语言环境让小孩子的语言表达发生了混乱。

 养育需要刺激秩序

宝宝有成长的秩序，父母当然也要注意养育的秩序了，尤其对于不到1岁的小宝宝。

玩具控制

每次拿出的玩具不要太多，最好就一两样；而且最好一段时间里，反复给宝宝玩某一样玩具，直到他彻底不感兴趣了。

图书控制

对于9~12个月的宝宝，如果想培养阅读兴趣，请先从简单故事、简单图片开始，并且一个故事多讲几遍，千万不要每天讲一个新的，这样犹如"狗熊掰棒子"，不利于宝宝积累。

语言控制

说话语速要放慢，语种最好不超过两种，对于同一个事物的描述，多用相同的词汇，随着宝宝的掌握再增加相近或相反的词汇。

房间控制

让宝宝的房间尽可能稳定，不要经常改变床、家具的位置，不要经常更换房间里的摆设，如果要更换或者增添，要以旧为主，以新为辅。

如果留意的话，你会发现有秩序的孩子更快乐、更放松，个性里有更多稳定

的因素,为孩子注意力、自制力的形成做好了铺垫。

 人生最佳开端越早越好?

德国法学博士卡尔·威特3岁时开始识字;6岁时能用德语、法语自由阅读;八九岁时已经能自由运用6国语言,并通晓动物、植物、物理、化学,尤其擅长数学;9岁考入莱比锡大学;14岁被授予哲学博士学位;16岁时又获得法学博士学位,并被任命为柏林大学法学教授;23岁时成为优秀的法学家和研究但丁的权威。威特一直讲学直到83岁逝世,始终过着幸福、快乐又有价值的生活,而他也成为世界上最著名的天才。

可是谁能想象这个天才在出生的时候显得比一般的婴儿要傻,邻居们都认为他是个白痴,连他的母亲也沮丧地说:"这样的孩子,教育了也不会有什么出息,只是白费力气。"

 教育比天赋更重要

威特的成功,是因为老威特给了威特一个充实的开端。

老威特确信,要使孩子的天赋发挥出八九成,必须尽早开始教育。这一点已被生物心理学所证实。因为儿童的潜能有递减法则。比如说生来具备100度潜能的儿童,如果从0岁就对孩子进行教育,那么他就可能成为具备100度能力的人;如果从5岁开始教育,即便是教育得非常出色,也只能具备80度的能力;如果从10岁才开始教育的话,充其量只能具备60度的能力。

> 著名心理学家皮亚杰说:"在出生后的半年内,接受感觉上的刺激及运动量的多少,将会反映在孩子往后的学习态度上。储存于脑中的刺激与接触周围新事物的机会愈多,婴儿就会愈积极地去探究各种事物并不断地累积新的经验。"

虽然孩子的天赋是有差异的,有的孩子高一点,有的孩子低一点,但差异有限。假设一个天才的天赋为100,那么先天白痴的天赋在10以下,一般孩子的天赋大约在50左右。如果所有的孩子都能受到同样有效的教育,那么他们的命运就取决于其天赋的高低了。只是一般孩子大多受的是不够有效的教育,所以他们的天赋连一半也没发挥出来。如果父母实行可以把孩子的天赋发挥到八九成的有效教育,即使孩子的天赋只有50,也会超过天赋为80的孩子。当然,如果对天赋为80的孩子实行同样的教育,那么前者肯定是赶不上后者的。不过,生下来就具备高超天赋的孩子是不多的。大多数孩子的天赋大约都在50左右,对他们实施早期教育的条件,已经足够了。

老威特说:"对于孩子来说最重要的是教育而不是天赋。孩子成为天才还是庸才,不是决定于天赋的多少,而是决定于出生后到五六岁时的教育。"

老威特成功了!

丰富适宜的感知刺激

我们用以思考的头脑是由神经细胞(或神经元)构成的,神经细胞之间的信息传递是通过突触进行的。如果环境能提供丰富的刺激,使神经冲动多次通过突触,即突触多次进行信息传递,这不仅能促使神经通路的活动更敏捷,使信息处理更快、更有力,同时,也进一步促进树突刺的增长和分枝的增多,以导致形成更复杂而有效的神经网络。有研究发现,IQ高的人不是神经细胞多于常人,而是神经细胞间的联结或者说神经网络相对常人要丰富得多。作为父母,面对天生聪敏的宝宝,好好地、适宜地刺激刺激他(她)吧。

☆用充满爱意和关怀的眼神注视宝宝。

☆用温柔的语言对宝宝说话,说出你的指令与期待。

☆当宝宝醒着时,用摇铃、音乐和你丰富的脸庞等刺激宝宝。

☆在宝宝的床上或摇篮上挂一些安全的物件。

选择红、蓝、绿、黄、橙等宝宝喜欢的颜色。

可以在婴儿床的四周贴上硕大的字母或者其他颜色图案。

你还可以利用宝宝头部上方的空间悬挂一些彩色玩具,比如吹气塑料玩具、彩色气球或用彩纸折叠成的小玩具等等。

悬挂物要悬挂在足够高的位置,一般在宝宝胸部上方60厘米左右为宜。

悬挂物要经常改变放置方向,特别注意不要将物品长期固定在床或摇篮的

九、早教领域的新问题

一侧,要在床或摇篮的两侧轮换放置。

悬挂的物品要保持安全、牢固,防止掉落弄伤宝宝,或者发生宝宝误食的后果。

定期更换悬挂物,使宝宝能够感受到不同的色彩和形体,但不要更换得过于频繁,宝宝需要时间去观察。所以更换时间要由你的宝宝决定,你需要观察宝宝,如果他对哪个挂件的注视时间显然已经缩短,看了一眼就毫无兴趣了,那么你就放心地更换吧!

建议最好在宝宝醒着的时候(尤其是每一天最初的开始)更换挂件,这时宝宝精力旺盛,正好可以享受看的乐趣;而晚上最好不要更换,以免宝宝过于兴奋而难以入睡,大人不是也得跟着熬夜吗?

☆对宝宝的护理工作应当注意到肤觉条件反射的形成。给宝宝准备的洗澡水,如不注意水温,过冷或过热,或者洗的动作粗鲁,就会使婴儿形成消极的条件反射,他们感觉不舒服,以后一洗澡就会哭闹,这种不良情绪不利于婴儿身心的发展。

 "奶爸"角色不能少

世上只有妈妈好,有妈的孩子像块宝……世上只有妈妈好,没妈的孩子像根草。

这首歌几乎家喻户晓,简单的几句歌词,就将母亲的伟大、母亲与孩子的紧密联系描述得淋漓尽致。从古至今,母亲一直与孩子紧密地联系在一起,因为是母亲十月怀胎生下了孩子,是母亲用乳汁养育着孩子。由于哺乳的关系,孩子与母亲保持着最亲密的肌肤之亲。

许多研究成果指出,儿童早期需要母亲的守候与呵护。母亲有着细致、耐心、慈爱等特质,这些有利于孩子获得周到的照料,有利于发展孩子的安全感与

对世界的信任感。母亲自然地成为孩子最大限度的陪伴者。

而父亲呢,他在哪里?

其实,父亲对于宝宝的成长有着母亲不可替代的作用。在宝宝诞生的第一时间(甚至女性怀孕之初),父亲就应将自己的角色与孩子联结起来。这种联结不是简单的身体上的联结,说什么"啊,小眼睛、小鼻子多像他爸爸",而是心理上、观念上的联结,要从思想上接受"宝宝离不开爸爸的照料"。父母要一起成为孩子的守护神。

如果认为养育孩子是女人的事情,那么就有意无意地把男人排除在外了。虽然这样的排除是短时间的,但"排除"的影响是长时间的,贯穿于孩子成长的一生。父亲与孩子之间,因为缺乏早期的联结而会变得彼此陌生;早期的排除就像一堵生根的墙,横亘在父子之间。

在这一点上,上述研究成果既提示男性也提示女性,要从孩子降生那一刻起就让父亲走近孩子。只有早期的走近,才会有真正的走进。否则,做父亲的就不要责怪孩子与你之间总是"无言的结局";做母亲的也不要责怪父亲怎么总是不管孩子。

父亲陪伴应从摇篮开始

如何真正实现这一点呢?

通过下面故事的类比,你或许能获得答案。

两个刚刚结婚的小姐妹碰在一起,聊起了婚后的生活。

甲:哎,真没想到,结婚后有那么多家务要做。洗碗、洗衣服、做饭、擦地板,没完没了,好烦人啊!

乙:(诧异)怎么会呢?我觉得结婚挺好的。洗碗、洗衣服、做饭、擦地板在结婚前是我一个人做的,而现在一结婚,可以两个人一起来做了,不是很好吗?

甲:(抱怨)我哪里有你这么好福气?让我老公做家务还不如我自己来。他洗的碗,我总觉得不干净,还要重新洗一遍;让他做饭,我等得饿

也饿死了；叫他擦地板，他总说：这么干净，干吗老要去擦啊？

乙：（大笑）怪不得你这么累，都是自找的。我可不像你那么细心，但我绝对会发"糖衣炮弹"。每次我老公做家务，我都会给他戴高帽子，比如"真没想到，你洗碗比我洗得还干净"、"你怎么会想到这样烧菜的，真是别有味道啊"。结果，我发现他越来越喜欢做家务，反而嫌我做得慢、做得粗心了。这样一来，我乐得清闲了！

这里提出若干建议，仅供参考：

对父亲而言

☆观念上接受父亲角色，告诉自己：孩子和孩子的母亲都需要我。

☆孩子需要你每天去看看、亲亲、抱抱、逗逗他（她）。

☆每天对孩子的母亲问候、鼓励、亲吻与拥抱。

☆做一些力所能及的事情，如换尿布、冲奶瓶、带孩子到户外活动等。

☆合理分配家庭内外的活动。

对母亲而言

☆观念上接受父亲角色，告诉自己：孩子和我都需要父亲。

☆保持与孩子父亲的亲密交流。

☆留出父亲与孩子联结的空间，让父亲有机会接近孩子。

☆信任父亲，干活时给以鼓励。

☆做适当的照料分工，让自己有休息的余地。

☆主动求助，让父亲有跃跃欲试的冲动。

请了月嫂，别忘了自己

一个偶然的机会，接触到了月嫂，在与她们的交谈中听到了很多感人的故事，其中一个最让我感慨：

我是24小时月嫂，孩子不管白天还是黑夜都跟着我。他妈妈上班挺忙，一大早就走了，晚上回来稍微看看孩子又忙去了。孩子3个月大时我就开始带了，一直带了4个月。现在孩子快8个月了，可好玩了，一见我就笑。可因为我家里有事,最近要走。那个孩子一不见我就哭,因为现在认人了,哭得特别厉害,我心里可不好受了。其实我早就知道会有这一天,因为我们这些月嫂一般也就带三四个月,最多半年。我一直和孩子的妈妈说:"孩子把第一次微笑、第一次坐、第一次爬,把最美好的第一次都给我了,你不嫉妒吗?"孩子他妈说:"没事,反正以后有的是时间。"

月嫂是近些年来大城市里出现的一个新兴职业,是专门进家庭陪护新妈妈、照料0~1岁宝宝的一个群体,也有人称她们是月子保姆。她们有相对丰富的育婴经验,所以她们的出现为很多年轻父母减轻了负担,尤其是那些没有长辈在身边的年轻父母们。

现在城市里的年轻父母非常不容易,工作紧张、竞争压力大,还要照料宝宝,他们确实需要请月嫂。但如果请了月嫂而忘记了或者忽视了自己的父母角色,那么会留下一种后遗症,我们暂且称其为"月嫂后遗症"。

 "月嫂后遗症"的产生

依赖心理拉大了与宝宝的距离

经常有人问如何建立良好的亲子关系,答案其实很简单——**在日常生活中多用积极的方式交流。**

对于小宝宝而言,你要多关注他的微笑,多注意他的"呢喃细语",多给他抚摩,多陪他玩乐。哺乳过程更是良好亲子关系建立的平台,当孩子躺在你温暖的怀抱里,一口口吮吸奶头的时候,看着他的小脸、小嘴,感受着他那有节奏的呼吸,注视着他那渐渐满足的表情,是不是一种很享受的过程呢?

如果你是自己带孩子,当然会比较辛苦,而且肯定在一定程度上影响到自己的正常工作、生活,但却可以充分与宝宝进行日常交流,彼此的亲密感当然是不断累积了。而请了月嫂,这绝大部分的交流过程会属于谁呢?不言而喻。本来你是对孩子负主要责任的人,现在有月嫂来分担了,心理上自然轻松了很多。你不必在孩子哭闹的时候第一个冲过去,不必在半夜起来看护孩子,不必在很累的时候去抱孩子,反正有月嫂呢!随着这份省心,也许你会越来越好地安排自己的工作、生活,你会逐渐回复到养育宝宝之前的状态。可也正因为这样的省心,

九、早教领域的新问题

你会忘记了宝宝什么时候要吃、什么时候会拉、什么时候会闹腾、什么时候最安静……

错过宝宝精彩的成长片段

曾经有个父亲这样说:"做父母最开心的时候就是看到孩子在变化。当你被他累得要命的时候,他忽然对你一笑,你就忘记了所有的劳累;当你被他烦得够呛的时候,他忽然会叫你'爸爸、妈妈'了,你因此也忘记了所有的烦恼。这是非常形象的亲子互动,孩子的成长变化正是带给你养育快乐与信心的源泉。如果你看不到孩子那些精彩的成长片段,那么你可能更多地只有养育的责任吧。"

所以,当那个月嫂说到"孩子把最美好的第一次都给了我"时,我真正明白了为什么月嫂舍不得离开宝宝,因为宝宝给了她无数的惊喜与快乐。作为宝宝的父母,如果您错过了宝宝的微笑,您会不会有所遗憾呢?当然,宝宝日后依然会微笑,但那无数"第一次"的情景,您是永远感受不到了。

月嫂与宝宝分离的困扰

我们知道,6个月以后的宝宝就逐渐开始盯人了,用术语说,就是开始确定依恋关系了。孩子对照料自己最多的人越来越亲热,越来越认定了这个人是自己安全的港湾。所以当月嫂要走了(甚至像本文开头的那个月嫂一样突然要走了),那么无疑对宝宝是一个重大事件。当然,宝宝最终会适应分离,重新与他人建立依恋关系,而且月嫂根本就不会被3岁的孩子有意识地记忆下来,但是在分离后的一段时间里,你将是难以应对的。

 几条建议,不妨试试

在这里要说明的是,我们并非反对请月嫂,因为年轻父母确实需要帮手。训练有素的月嫂是很好的帮手,当然可以请进家庭。只是希望父母们能够很好地平衡月嫂和自己的养育角色。

每天给予宝宝爱的表示

尽管工作忙碌、压力大,父母也要记得每日给予宝宝爱的表示。亲吻额头、抱抱、摸摸,说几句悄悄话,虽然宝宝不懂你在说什么,但却可以感受到你的存在与对他的爱。对于4个月以后的宝宝,你可以在固定的时间给予宝宝一些爱的刺激,如每天早上的亲吻、告别,每天晚上的问候、拥抱。因为这个时候宝宝有了"秩序"的感觉,稳定的刺激会让他(她)对你记忆深刻,而且对你的问候心存期待。

月嫂是帮手、榜样

月嫂确实在照料孩子方面有一手。有个妈妈对我说:"我的孩子每天睡觉的时候都特别闹,我怎么哄都不行,可家里的月嫂只要一过来,孩子就安静下来,高高兴兴地睡觉了,真是奇怪!"一方面月嫂成为你们家庭的好帮手,另一方面你们也要拜月嫂为师,趁机多学几招照料孩子的本领。不要以为你请的是24小时月嫂,也不要认为你付了薪酬就不必搭手照料孩子,其实学得了月嫂的经验,那才是最大的受益。

让月嫂记录美好时光

鱼和熊掌兼得,难!你可以请月嫂帮忙记录下孩子美好的变化,如果有条件可以教会月嫂用DV等现代记录工具的话,虽然错过了现实的那一刻,但你也能在重温中分享到孩子成长带来的喜悦。在DV记录中,你会更多地了解孩子,看到你不在他身边时他的模样、举止,给自己保留孩子完整的成长历程。

空余时间独享养育过程

月嫂只是家庭的外援,你才是孩子真正的家人。建议你在周末或者晚上安排一些时间,可以暂时放月嫂的假,让自己(包括爱人)与孩子单独相处,享受一下做父母的感觉。这可是非常好的锻炼机会啊,不仅有利于亲子沟通,也可以检验自己的带孩子能力,碰到什么问题,还可以等月嫂回来及时请教。

月嫂辞行时的交接细节

月嫂最终是要走的,你要与月嫂提前做好交接的准备。最理想的情况是,你原本就参与日常的养育,你与孩子很亲密,你对孩子的变化比较了解,月嫂的离开就不会造成太多的不适应。请月嫂注意交代的事项:

☆ 宝宝每天的规律性行为。诸如何时吃饭,何时要出去晒太阳,何时要大小便,何时睡觉等等。

☆ 宝宝的喜恶。诸如喜欢到哪里去、最喜欢玩什么、最喜欢什么口味的东西、最爱听的音乐或声音、最喜欢的颜色等等;最讨厌的声音、最害怕的东西、最拒绝的食物、最不喜欢的玩具等等。

☆ 宝宝的发展状况。诸如动作、语言、表情发展到什么水平了,辅食添加的情况,下一步该注意什么等等。

☆ 特殊问题的处理。诸如宝宝不睡觉怎么办,宝宝不好好吃东西怎么办,半夜宝宝闹腾怎么办等等。

这些注意事项不仅是您可以参考的照料经验,也可以帮助下一个接替的月嫂了解宝宝。

小测验

请您自己测一测有没有过度依赖月嫂,如果有5条以上(包括5条)符合,那么请一定要小心"月嫂后遗症":

我几乎把照料孩子的事情全部交给月嫂了;

我难得有空听月嫂讲孩子的事情;

我从没有单独照料过孩子一天;

孩子一哭,只有月嫂能哄住;

我至少一星期没有陪孩子玩了;

我每天回到家,孩子都睡着了;

我经常累得顾不上过问孩子的情况;

我有空的时候更想一个人休息休息;

我不清楚孩子喜欢什么样的玩具;

我说不出孩子的日常生活规律。

十、家教遗产中的是与非

我国有悠久的历史文化,在俗语资源中,也蕴涵了有关家教的丰富遗产。有些成为家教的大纲文化,成为父母思考的定式。但祖宗的东西用实践标准检验,有是有非不能一概而论。有些俗话甚至已经与现实生活中的伦理和社会主导价值潮流相悖。家教俗语千万条,在此剖析显然是挂一漏万的。

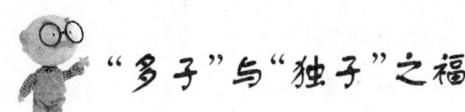

"多子"与"独子"之福

多子多福是中国封建社会民间的一种传统观念,这种观念至今仍有一定的市场。

多子多福在历史上有其合理性。这是因为,从家庭结构上看,多子多孙,后继有人,可以避免祖宗断绝香火;从家庭经济计算,多子就可增加劳力,便于发展家庭生产,而且在社会保障不足的条件下能够养儿防老;从家庭地位上讲,多子就多社会出路,将来或有人读书做官光耀门庭,或有人经商发家致富,或有人守家尽孝,人多势众不受欺负。

这些合理性在社会经济发展和贯彻独生子女政策的今天,似乎失去了继续存在的意义。但多子多福观念在家庭教育的层面,仍影响着人们。

 多子多福新论

暂且让我们将多子多福中的"子"单纯地看做孩子吧,因为在这里不涉及男尊女

卑的问题。如果和独生子女家庭比较,我们至少会发现"多子"有两点"福":

其一,"多子"必定有长幼之序,必定要有一个共处的规则。也就是说,在一个家庭中,孩子有大有小,有兄弟姐妹,于是很自然地形成兄姐爱护弟妹,弟妹尊敬兄姐的规则。长幼之序让家庭中的每个孩子有着不同的权利和义务,有着不同的发展空间与制约。换句话说,"多子"提供了每个孩子在家庭成员中找到自我位置的机会,使他们通过这样一个小社会来学习生存法则。

有研究发现,家中的排行与孩子的性格特征、能力等都有着很大的关联。比如,如果一个家庭中有三个孩子,那么老大往往很有能力,责任感强,但比较保守;老二常常为人低调但敏感,很善于调和人际关系;老三一般比较任性,个性张扬,却富有冒险精神。这是因为,老大常常成为父母的替身,一旦父母不在家,老大就必须管好弟妹。所谓"长子如父,长女如母"就是这个道理,所以老大相对要有更多的责任感和管理能力。对老二来说,既要听兄姐的话,又要对弟、妹负责,随机应变成了他(她)的性格和习惯。老三在家中,"天塌下来都有父母、兄姐顶着",长期被溺爱而比较自我,又在"管制"中不免滋生"革命情结",总会对眼前的权威挑战。巴金的《家》,当是很鲜明的例子吧。

其二,"多子"能分担家庭照顾老人的压力。随着父母年龄的增大,各种老年病接踵而至,一旦生病,一个独生子女无论如何是应付不过来的,何况还有需要照顾的(外)祖父母。于是,多一个孩子的优势、好处就体现出来了。下面的个案很有代表性:

> 我和丈夫都是20世纪70年代出生的独生子女,我们的孩子路路,也是独生子女。路路今年7岁,上小学一年级。丈夫的工作比我还忙,而且老要出差。最近我心情糟透了。因为我的父母平时与我们住在一起帮着照顾路路,可是两个星期前,我父亲,也就是路路的外公生病住院了,我母亲本来身体就不好,一着急也病倒了。这一下,家里简直乱成了一团。我白天要上班,路路上学又要接送,晚上还要去医院。偏偏路路又不听话,学习不自觉,每天晚上都要为他的功课伤脑筋。前两天,我实在忍不住,打了他一顿……其实,我也知道自己脾气太急,可我实在是受不了,老的、小的,觉得压力一下子都来了。我真希望他能懂事些,成为我们的好帮手。我甚至想,家里多一个孩子多好啊,多一个孩子多一个帮手!

今天的孩子缺失什么

按照多子多福的逻辑,"少子"就该"少福"了。

没有兄弟姐妹的独生子女,其实缺失了很多东西——

首先,他们失去最多的是生活的空间。非常有趣的是,这样的失去恰恰是因为得到太多。很显然,没有兄弟姐妹的孩子可以得到家庭内部更多的资源。父母再也不会为"两个苹果,是姐姐吃大的,还是妹妹吃大的"、"一块糖果,如何分给两个孩子"之类的问题头疼了。

是的,没有兄弟姐妹的孩子在得到了更多苹果、糖果的同时,失去了苹果、糖果之外无形的东西,即生活的空间。何谓生活的空间?那些吃饭、睡觉、写作业、玩耍、考试、找工作、谈恋爱等等,都有大人照顾的独生子女,称得上缺失了生活的空间。生活的空间遭遇了抑制的孩子,虽然读大学了但其心智犹如小孩,在很多日常的人际关系、情感困惑等问题上显得幼稚而离奇。

其次,失去的是同胞的支持。何谓同胞的支持?就是父母不在的时候,你也有兄弟姐妹和你一起跑、一起玩。虽然现在的独生子女周围很少缺人,但不缺的是老人、大人,缺的是同胞;在你需要帮助、同情、鼓励、安慰的时候,没有兄弟姐妹和你一起出力、一起分享、一起喜怒哀乐。虽然也有来自老人、大人的关心,但那是隔靴搔痒的感觉,缺的是同胞将心比心的理解。

 ### 变"多子"之福为"独子"之福

独生子女毕竟是一个现实存在,而且从发展来看,独生子女或者非独生子女彼此之间的差异,可能要远远小于因不同父母养育历程与不同个体成长路径而造成的差异。所以我们如果能给独生子女的生命历程注入一些养分,那么独生子女其实也并不特殊,独生子女的家庭也可能得到"多子"之福。下面是几个小技巧,供我们的父母选择尝试。

逆向思维养育法

现在做父母或者祖辈的可能都已经习惯了这样的想法——我还能为孩子做什么,这使得孩子的生活越来越没有空间。因此,建议父母可以尝试逆向思维——我能

十、家教遗产中的是与非

为孩子少做什么。在你这样思考之前,最好先将你已经为孩子做的一切事情尽可能写出来,然后逐一删减可以少做的事情。目的在于让你的孩子DIY(自己的事情自己做),从而在生活中承担起各种角色,不断发展自己的生活空间。如果你实在感觉"少"不下去,那么就要建议您去请教教育专家了,因为你很可能已经患上了养育焦虑症。

3~5个家庭的聚会

如果您能与3~5个家庭建立良好的关系,而他们的孩子与您的孩子之间又年龄相仿或者相差不大(5岁之内),那么你们可以定期举行家庭聚会。这样的聚会无疑给各自的独生子女创造了一个"多子"的大家庭,为孩子营造了一个兄弟姐妹的氛围。

以"群"代"独"的混龄教育

混龄教育,就是将年龄不同的孩子放在一个班级或者一项活动中来教育。这种形式犹如曾经尝试过的复式课堂。比如一年级与三年级同班上课,不同的是,以前因为师资或者教室等设施有限,而被动选择;现在则是认识到了不同年龄孩子之间所具有的榜样作用而主动兴起的。比如,有的幼儿园或学校在游戏、绘画、手工等活动课上进行混龄教育,发现这样的课程不仅有助于大年龄孩子去帮助小年龄孩子,而且对于小年龄孩子的语言、认知、人际交往等方面的发展都是一个促进。所以,父母可以多带孩子去社区活动中心或游乐园,那里有许多不同年龄的孩子,可以让您的孩子在群体中褪去独生子女的烙印。

玩物未必丧志

玩物丧志,那是我们老祖宗传下来的遗训,典出《尚书》中的"玩人丧德,玩物丧志"。玩人必丧德,这不在话下;而玩物一定丧志吗?

2005年中国体坛的亮点之一,无疑是被英国媒体称为"东方之星"的台球"神童"丁俊辉。他两次夺得斯诺克世界冠军,并第一次在世界台球锦标赛冠军榜上刻上了中国人的名字,书写了世界台球史上的神话。其意义并不亚于许海峰的第一块奥运会金牌。令人称奇的是,丁的父亲慧眼识天才,毅然让儿子从小打台球,甚至不惜变卖房屋家产供儿子到广东练球,到各地参加比赛……

打台球,在一般人的眼里就是"玩",谁整天去玩,谁就会"丧志"。但丁俊辉的故事却让我们看到,玩物未必丧志,而且还大长了志气;不仅长了他个人的志气,更长了中国人的志气。当然,我们也确实看到有不少青少年因为"玩"而"丧志"的。现在时兴网络游戏,一大批"网迷"因玩游戏而终日逃学,以致违法犯罪。所以,"玩物"是不是"丧志",我们需要有个正确的认识。

 玩物也能成才

就丁俊辉的玩物而言,有两点值得肯定。

第一,成才之路千万条,条条大路通罗马。三百六十行,行行出状元。

丁俊辉有过退学的经历。这不禁使我们想起没有上过学的波尔加姐妹。她俩由父亲实行家庭教育,结果双双成为世界女子国际象棋冠军。

更著名的是比尔·盖茨,他在哈佛大学读二年级时退学。当时他看到电脑软件像硬件一样重要,一样可以赚钱。他已经看到电脑不仅是计算工具,还是文字处理工具;不仅是文字处理工具,更是信息处理工具。对于这些,世人都没有看到,至少没有人认识比他深刻。最终他的视窗操作系统成了每台微型电脑必须安装的系统软件,他也成了世界首富。更加了不起的是,比尔·盖茨将自己成百上千亿美元无偿捐献给了慈善事业。

举这些例子,并不是说读书不好,而是说成功不是只有读书一条路。那些被认为是丧志的"玩物",如果引导得当,也会成为成功之路。

第二,玩物也可励志。娱乐与志向,不应该成为势不两立的一对矛盾。

台球对于一般人而言可能只是娱乐,而对于丁俊辉而言却是志向,是生涯的发展。不管丁俊辉再怎么是天才,也仍然要勤学苦练,也需要激发成才的志向。相信丁俊辉的父亲决定让丁俊辉退学的时候,已经做好了支持丁俊辉走台球之路的决定。

陪孩子学特长的父母可能都有体会，孩子刚开始会因为兴趣而学习某样东西，或者玩某样东西，但一旦任务、难度增加了，要求多了，很多孩子就坚持不下去了，也不想再摆弄原本喜欢的东西了。

有些人越玩越长志，有些人不玩仍无志，可见"玩物"是有很多讲究的。

 不玩物亦丧志

现在的父母多将读书看做是孩子的正业，而将玩看做是阻碍孩子发展的大敌。不要说孩子玩物丧志了，事实上今天的孩子连玩的机会也没有。

有调查显示，儿童的睡眠不足已成为相当严重的普遍问题。在城市里，近60%的儿童每天睡眠时间都在8小时以下，其中13%的儿童每天的睡眠时间仅为6小时，更有8%的少年儿童每天睡眠时间在6小时以下；20%的儿童感到每天几乎没有玩的时间，80%的儿童感到每天玩的时间严重缺乏。

> 著名的苹果电脑公司的两位创始人斯蒂夫·沃兹尼亚克和斯蒂夫·乔布斯，一个从加州有名的伯克利分校退学，另一个被大学开除。但是他们创造的"苹果Ⅱ型"微型电脑是世界上第一台有彩色图形界面的微型电脑，是个人电脑史上里程碑式的作品，轰动了旧金山，轰动了整个美国西海岸。由此，40余名苹果公司的员工和经理一夜之间成为百万富翁。

只读书，不玩物，结果怎样呢——

孩子只会死读书，各种能力低下。现在许多中学生出门不认路，东西不会买，朋友不会交；许多大学生不会洗衣服，不会打扫卫生，不会与人沟通，有的因为一点小事而无法自我开解，以自杀而告终。离开了父母，这些孩子简直生活得一团糟。

这样的孩子，何志可言？

 玩物丧志不可小视

现实往往物极必反。父母越不让孩子玩，孩子越玩得厉害，越想方设法地玩。

难道不是吗？父母不让看电视，孩子在做作业时就玩铅笔、玩橡皮、玩纸巾、玩

图书在版编目（CIP）数据

中国人教子有问题/苏颂兴主编. —太原：书海出版社，2008.1（2012.1重印）
ISBN 978-7-80550-816-0

Ⅰ.中… Ⅱ.苏… Ⅲ.家庭教育-中国 Ⅳ.G78

中国版本图书馆CIP数据核字（2007）第188084号

中国人教子有问题

主　　编：	苏颂兴
责任编辑：	秦继华
装帧设计：	拓新企划/李　歌
出 版 者：	山西出版传媒集团·书海出版社
地　　址：	太原市建设南路21号
邮　　编：	030012
发行营销：	0351-4922220　4955996　4956039
	0351-4922127（传真）　4956038（邮购）
E-mail：	sxskcb@163.com　发行部
	sxskcb@126.com　总编室
网　　址：	www.sxskcb.com
经 销 者：	山西出版传媒集团·山西新华书店集团有限公司
承 印 者：	山西出版传媒集团·山西新华印业有限公司
开　　本：	787mm×1092mm　1/16
印　　张：	12.25
字　　数：	200千字
版　　次：	2008年1月第1版
印　　次：	2012年1月第6次印刷
书　　号：	ISBN 978-7-80550-816-0
定　　价：	20.00元

如有印装质量问题请与本社联系调换

要培养孩子具备现代人的基本素质,现在是让我们放飞孩子的时候了!

"海阔凭鱼跃,天高任鸟飞。"一般家长都是千方百计为孩子创造良好的生活环境,尽可能满足孩子的要求,让孩子少吃苦、少受罪;而有的家长却变着法子让儿女吃苦,目的是从小培养儿女的自立能力。前者,孩子是"笼中鸟",后者,孩子是"空中鸟"。

这里,我们把全国优秀家长、福建师范大学外语学院院长助理王晶女士介绍给读者,听听她是怎样变着法子让女儿吃苦的故事:

在女儿两岁多时,王晶就开始让她自己洗头洗澡;女儿刚上小学,一件连衣裙穿着不合身,王晶让她自己飞针走线来解决;15岁时,让她随同学出访日本;16岁时,又独自到美国学习古典音乐;学习归来,王晶的女儿成了北京大学国际关系学院的一名学生。

由于孩子是独生子女,王晶始终有种危机感,担心把女儿培养成小公主。她把每个困难(有时甚至创设困难)都看做锻炼女儿的机会。在做法上,她坚持两点:一是女儿做什么都不迁就;二是能逼的一定要硬"逼"。有一次学校搞大型的文艺会演,女儿作为校学生会主席,不仅担任组织策划,还得出演一个节目,真是千头万绪。最后一次彩排那天,女儿竟把自己要用的伴奏音带丢在了家里。那天王晶正好在家休息,女儿打电话求她把磁带送去。王晶一口回绝。最后,女儿只好找老师调整了演出顺序,自己赶回家取伴奏音带。因为匆忙上场,节目彩排效果不理想,被老师狠狠批评了一顿。那次教训也就一直留在女儿的记忆深处。有人说王晶太苛刻,但她认为越是在这个时候帮女儿就越是害她。

为加强孩子自立能力的培养,王晶还不断给女儿增加一种另类"压力"。她说,许多日本父母认为"除了空气和阳光是大自然的赐予,其余一切都要通过劳动才能获得",便要求孩子利用课余时间,做力所能及的家务和到外面劳动挣钱。王晶也要求女儿这么做,并且遵循由小到大、由易到难、由简单到繁杂的原则,让女儿自己在生活实践中体验、成长。

把孩子的自主权还给孩子,让孩子自己走向未来。这就是王晶女士教育女儿、放飞女儿的秘密所在!

我们衷心祝愿千千万万的家庭教育走向成功!

结束语:放飞孩子 走向未来

结束语：放飞孩子 走向未来

未来社会究竟需要怎样的人？父母究竟怎样把孩子培养成社会需要的人？在本书结束的时候，我们将把所有的话题，总结为这两个问题来作归纳性思考。

近代社会，世界范围内发生过两次教育改革的大潮。第一次是在19世纪末，人们的观念是要用最好的条件、最好的手段，培养孩子具有聪慧的头脑；第二次是在20世纪中叶，人们的观念发生了根本的变化，认识到要用最好的条件、最好的手段，培养孩子不仅要有聪慧的头脑，而且要有一双能干的手。联合国教科文组织于1974年倡导青少年"学会生存"，正是在这种背景下提出来的。

但是1974年的中国，处于"文化大革命"结束前夕。那个怪诞的年代隆重推出了一位考试交"白卷"的英雄，鼓吹知识越多越反动。因此，当社会开始拨乱反正的时候，人们必然要特别地强调知识的作用，并且因矫枉过正而走向应试教育也是可以理解的。好在我们及时看到了问题的存在。素质教育的战略，指明了未来学校教育、家庭教育和社会教育的方向。

"学会学习，学会生存，是对现在的人、未来的人的基本要求"（《世界全民教育宣言》，1990年）。但这一终身教育的理念是对个人的挑战。随着高新技术推动社会经济的飞速发展，来自现实和未来的挑战又远远超出了个人的范围：如大气变化、臭氧层破坏、酸雨、水污染、耕地减少、森林被毁、人口急剧增长等，严重威胁着人类的生存。要解决上述问题，就必须教育青少年"学会关心"，超越自我。这就是现代社会需要现代人所具备的基本素质。

家庭教育理所当然地应培养孩子具备这些基本素质。可以毫不夸张地说，家庭教育是整个学校教育、社会教育的奠基工程。

做一回事"给予响应与讨论。不仅如此,这位同事还在许多事情上都征求孩子的意见,即使孩子提出的意见不成熟,也会认真倾听。同事对孩子的回答常用"我希望"或"我建议"来表示,以便给孩子留下可以自己进一步思考的空间,而不是生硬地将自己的想法强加在孩子身上。

当父母与孩子建立了良好的亲子关系,孩子对父母有了充分信任的时候,孩子的日记还需要上锁吗?

说。能够正确对待孩子隐私的父母,一定能赢得孩子的尊重和爱戴。如果孩子有不良因素存在,父母可以通过举例、故事、游戏等途径加以引导。学会与孩子聊天、谈心,不留痕迹地获取信息,才是高明的教育方法。

首先,应正确认识孩子的"秘密"。 从现代教育的角度来说,拥有秘密对于孩子的成长具有重要作用。走向独立是现代人的基本特征,而拥有秘密并能恰当处置,是一个人走向独立的要素。对个人来说,秘密往往与责任紧密相连,并且要独立承担责任。从这个意义上讲,没有秘密的孩子是永远长不大的,有远见的父母应当允许孩子有自己的某些秘密。

其次,应主动以平等的态度与孩子多交谈。 最理想的状态是孩子能主动和爸爸妈妈分享他(她)的秘密,要达到这种效果,需要建立良好的亲子关系。父母在平时要注意多与孩子沟通,多与孩子分享他们的成功,分担他们的挫折;甚至与孩子谈一些自己小时候的隐私,谈自己对事物的看法和想法,倾听和征求孩子的意见和建议,使自己成为孩子可以信赖的朋友。一段时间后,孩子就会愿意把自己心中的秘密告诉父母,主动求得父母必要的指点和教育。

再次,要培养孩子的自我教育能力。 即使孩子有些越轨和不良行为思想,也不必大惊失色、殴打辱骂,或非要通过了解孩子的隐私来完全掌控他(她)。父母可以与孩子一起讨论理想、事业、道德、人生观、价值观等问题,引导孩子自己悟出为人处世的真理,提高孩子按规范要求调整自己行为的能力。有了这种自我教育能力,一些隐私中的危险倾向,都是有可能自我解决的。

我有一位同事,在这方面堪称楷模。她有一个19岁的女儿,这位同事和女儿说得最多的一句话,就是"我们是朋友"。"我一直觉得,女儿和我是处在平等地位的,相互信任,经常交流。"她说,"从小到大,女儿有什么开心的、不开心的事情都会告诉我,包括学习、和同学交往等各个方面,甚至连有男生追求她,她都会告诉我。"

她告诉我,和女儿平时的沟通是平等的,有时候因意见分歧有所争执,若事后想想是自己不对,错误地批评了女儿,便会主动向女儿承认错误。孩子提出自己的要求时,她从不会断然拒绝。即使是非常荒谬的要求,也会在慎重考虑之后,把它"当就会提及自己日记中所写的隐私来揭短,甚至还对亲戚朋友讲,对她伤害很大。后来,她就开始用英语写日记,因为她知道妈妈不懂英语。她的日记里,记录了生活中的每个细节。起初她只是用学过的单词和语法记录生活中发生的事。但后来她觉得这样写太简单,于是,遇到不会表达的单词就查词典,就这样,她的英语日记越写越好,而且她的英语成绩也因此有了很大的提高。

还有些孩子通过在网上注册"博客"写日记,用这种方法记录自己心中的秘密,而父母再也看不到他们的任何秘密了。

透过上面这些"高招",我们不难发现,孩子们对于父母偷看他们的日记是多么的痛心疾首,多么的无可奈何。其实,作为父母不仅要学会尊重孩子的面子,更要学会尊重孩子的隐私,千万不可偷看孩子的日记。

但是,关于偷看孩子日记的行为,父母也有他们的想法。

有的父母说:"我们是出于好心,想通过看孩子日记了解孩子最近在想什么,掌握孩子的思想动态,更好地管教孩子。如果发现孩子有早恋苗头,或者其他不好的苗头时,我们也能及时制止。没想到孩子却指责我们看日记是偷看他的隐私,对我们很有意见,现在拒绝和我们说话了。"

有的父母说:"社会那么复杂,我们的孩子大了,作为家长就怕他们学坏。出于保护的目的,我们总希望了解孩子的想法,所以有时就会偷看孩子的日记,除此之外还要查看短信、上网聊天的内容。不查不放心。"

一位承认曾经偷看过孩子日记的母亲说,她的孩子很内向,平时并不善于与父母沟通。作为父母,要想知道孩子的想法非常不容易,似乎偷看孩子的日记是一条了解孩子的途径,因为日记会将孩子内心深处的想法全部透露出来。但这位母亲还是有些心虚,她承认,每次偷看孩子日记都有种偷偷摸摸的感觉,十分歉疚。

这些家长的心态颇具代表性,他们看日记的做法,引起孩子极大的反感,使他们产生逆反心理。

父母要了解孩子的思想,理智的做法是尊重孩子的隐私权,也就是尊重孩子的人格。孩子不想让父母知道的事,做父母的就别刻意追问,更别想方设法一定要知道。在正常的情况下,父母要从心里相信孩子,是最重要的。只有当孩子感觉到父母的坦荡之后,才会受到感染,也会变得坦荡起来。因为孩子相信父母会尊重自己,有些能说出来的话,他们自然会说出来;而有些不想说出来的话,父母也不会怪自己不

包括父母在内的其他任何人,都是不能随便跨越这条警戒线的。但许多父母不能正确对待孩子的这种心理需求,总是千方百计地窥视、猜测孩子的隐私。到底孩子发生了什么变化?不弄清楚这些问题,有的父母简直到了吃不好饭、睡不好觉的地步。于是,当孩子不在家时,父母会偷窥他们的隐私,偷看孩子的日记便成为一些父母的"爱好"。

据有关调查发现,仅有8%的父母意识到孩子有隐私权,认为不可以翻看孩子的日记或信件;而有65%以上的父母认为自己有翻看孩子日记的权利;100%的孩子对父母翻看自己日记的行为表示反感。

一个高三年级的女孩吐露了自己的心声:

> 我和同学们都觉得,和父母的沟通往往是十分困难的,尤其是知道父母偷看了我们的日记以后,我们更加无法跟他们再沟通。我们明白父母的用心良苦,也了解他们对孩子的关心爱护,但是侵犯我们的隐私只会让我们越来越不相信父母。如此恶性循环,使我们与父母之间产生了更严重的隔阂。

一名初二年级的学生诉说了父母偷看他的日记后所产生的苦恼:

> 我最讨厌的事情,就是爸爸妈妈偷看我的日记、偷听我的电话。我觉得他们把我当做贼一样看待!这样下去,我觉得自己和他们的隔阂越来越大,甚至不愿意再和他们说话了。

随着年龄的增长,青少年开始有了自己的一些秘密,日记就变成了孩子倾诉的朋友。我相信,这两个孩子的心声并不是个别现象,很多孩子在隐私问题上也都深有同感。

现在社会上风行"上有政策,下有对策"。对于父母偷看自己日记的行为,孩子们想尽各种办法来防止父母偷看自己的秘密。请看他们的一些"高招":

有些孩子备有两个日记本,一本日记给父母看,全部是要好好学习的内容,记录最近的学习任务、学习目标,以及做些自己感兴趣的课文笔记。而另外一本日记则用小锁锁起来,藏到隐蔽的地方,里面才写自己的心里话,记录与同学发生的情感经历,与异性同学交往中出现的矛盾、困惑等。

有些孩子干脆用英语写日记,让父母看不懂。报纸上曾经有报道,湖南某地的一个孩子,以前用中文写日记的时候,妈妈经常偷看,只要自己做错事受批评时,妈妈惧、无助、孤独、惶惑、无所适从。其思想、学习、性格甚至健康，都会受到不同程度的影响。冷战的家庭对孩子可能是一种灾难，可能给孩子的一生带来精神创伤，还可能成为孩子犯罪的诱因。

有项研究对来自双亲家庭的2800名加拿大儿童进行了跟踪，发现那些父母离婚的孩子容易产生重度抑郁、焦虑和行为问题。这项研究发表在《婚姻与家庭》杂志上。作者表示，父母离婚虽然会对儿童的情绪影响较大，但父母离婚前的家庭战争对孩子伤害更大。研究人员还发现，父母离婚后孩子的抑郁和焦虑症状总的来说也很严重，但行为问题开始减少。所以，父母冷战有时比离婚更伤害孩子。

冷战的家庭对于孩子来说，是个缺乏阳光的牢笼。生活在其中的孩子浸润太久，就容易得心灵的"佝偻病"，成为心灵的"侏儒"。父母要为自己的冷战付出惨重的代价，而这个代价比在父母的心上扎根钢针还痛。西方谚语说：推动摇篮的手，推动整个地球。作为孩子第一任老师的家长，应当掂一掂这句话的分量，想一想自己的责任。

孩子是无辜的，他们渴望得到理解，渴望得到完整的爱。也就是说，父母要尊重孩子的人格，当你们实在没法解决矛盾而发生冷战时，不要以孩子相互要挟；孩子既需要父爱也需要母爱，无论失去哪一方，对孩子都是伤害。

请记住孩子的一句话：父母"冷战"，别让我拿心痛"埋单"。

 日记非得上锁吗？

孩子进入青春期，变得不爱跟父母汇报学校情况了；手机上短消息来来往往，孩子背着父母莫名其妙地偷笑；漂亮的带锁的日记本，被孩子从书柜藏到床底下，就是不想让父母看到……

随着年龄的增长，孩子已经拥有一个相对完整、真正属于自己的世界，这个隐秘世界是孩子的自由王国，孩子常会用一些细小的举动为这个王国勾画出一条警戒线。

十二、孩子心声折射的家教问题

但目前我变得越来越伤心,越来越消沉了,上课也听不进去,走路也走神。爸爸妈妈,你们到底怎么了?几个月来,没见你们好好说过一句话,没见你们给过对方一个好脸色。在我渴望温情与欢笑的心里,你们投下了怎样的阴影。

爸爸妈妈,或许你们不知道我蜷缩在自己的房间里,心里像雨打的小船那样,颠簸在汹涌的大海上。我知道,我知道,我没有太大的说服力,我只祈愿:你们不要冷战下去了,让我回到"玫瑰园"来吧!让我来到开满鲜花的春天里,度过欢乐的童年吧!

父母冷战,孩子遭殃。

从短期来说,父母冷战会影响孩子的心情,父母关系不好,孩子当然没有好心情。而从长远来看,如果父母经常吵架,会产生许多不良后果。我们知道,当父母发生冷战时,父母会互相数说对方的不是,根本不把孩子放在心上。生活在这样的环境中,孩子们担心在与小伙伴交往中,会被问起家庭的情况。他们变得沉默寡言,离群索居。这些孩子容易对谁都不相信,对自己也缺乏信心。

父母发生冷战时,不论对父亲还是对母亲来说,都是一件不愉快的事情。身心疲惫、情绪烦躁的他们,往往因为生活中一件不如意的小事而大发脾气。这时孩子往往成了这些不良情绪的发泄对象,父母把孩子当成了出气筒,不问青红皂白地打骂孩子。

发生冷战时,也有一些父母感到对不起孩子,心里很内疚。他们特别想牢固地建立起和孩子的情感,在对孩子的态度上表现为一味地溺爱。孩子有不足的地方甚至缺点、错误,父母往往睁一只眼闭一只眼,放任不管。不管是何种情况,冷战的家庭都无可避免地给孩子带来不良的影响。

一个人从幼年到成年需要经历许多教育,有家庭的、学校的、社会的,但人的一生中最重要的是幼年时来自家庭的教育。它可以决定孩子将来的性格脾气、为人处事等方面。孩子变坏,很多时候并不是他们主观上想变坏,而是家庭内部的不和谐对他们的冲击造成的。

家庭和睦,父母相敬如宾,会使孩子从小就懂得尊老爱幼、孝敬父母;而那些在缺少关爱、父母经常吵架的家庭中成长起来的孩子,多半会不负责任,脾气暴躁。无论是看似平静的冷战,还是剑拔弩张的"热战",都会使孩子在这种环境中感到恐多少快乐可言？因此，只要孩子玩得适当，就一定会促进孩子的全面发展。

我们的父母还忽视了玩的另一种积极成果：适当的玩可以使孩子经常保持愉快的心情，开开心心地坐在书桌旁，学习起来事半功倍。前国家足球队主教练米卢提出了"快乐足球"的理念，受到社会的广泛关注。它对中国足球原来一些不甚合理的训练方式提出了挑战，同时也冲击着中国人传统的生活方式。它告诉人们应该快乐地生活，而"快乐学习"也应成为孩子们追求的目标。

在这个世界上，我们每个人都在追求快乐，自然没有理由剥夺孩子快乐的权利，没有理由剥夺孩子玩的权利。

中国的父母们，请还给孩子们一个游戏的童年、快乐的童年，并用心去呵护孩子们所拥有的那颗会玩的心！

父母冷战为难我

前不久，北京一居民家里发生了一起盗窃案，被盗金额达16万元。公安部门仅用4天时间便破了案，将案犯全部抓获。破案并没有让公安干警的脸上露出笑容，因为4个案犯全是正在上中学的孩子，其中3个生活在"问题家庭"里。

一位干警说："这个案子是破了，但我的心情很沉重。"另一位干警说："这几个人的行为让人痛恨，可他们的生活环境却很恶劣，我只想诅咒他们那不负责任的父母。"

孩子违法犯罪与家庭状况有着密切的关系。

许多班主任告诉我们，有些很不错的学生，有的还是学生干部，在他们的父母闹离婚或发生冷战期间，他们会发生明显的变化：上课时精神常常不能集中，时常走神；学习成绩不稳定，作业也完不成；常常情绪低落，精神不振，对周围事物漠不关心；抑郁悲观，有的性格变得怪僻，等等。总之，他们的心理压力极大。长期生活在父母冷战中的孩子，对社会、人生和感情会产生极度的不信任。

下面是一个孩子写给冷战中的爸爸妈妈的话：

"你们快乐，于是我快乐；你们幸福，于是我幸福。"爸爸妈妈，或许你们不知道这是我写在日记本扉页上的话，它倾注了我对你们最深的爱。

育厅发出通知,所有义务教育阶段的学校在六一儿童节不许布置作业,让孩子真正过一个快乐、轻松的节日。连六一儿童节不为小学生留作业这样的小事都要年年重复,我们还有什么话可说呢?

催肥的猪没味,催熟的瓜不甜。"揠苗助长式"的教育模式,是"小学中学化"、"中学大学化"及"分数命根"的教学逻辑。在信息爆炸时代,知识的扩展速度远远超过了人自身所能承载的能力空间。科学文化教育的过量灌输,超越了儿童心理和生理承受的限度;过早的开发,脱离了接受知识和学习的规律,导致青少年学习后续发展动力的不足。高分低能、缺乏创新、缺乏动手能力、缺乏生存能力等等,都是上述状况的恶果和佐证。

童年的欢乐是与玩紧密联系在一起的。童年的欢乐,玩的欢乐,对人一生的健康成长,特别是对健康个性和心理的形成十分重要。童年期是健全人格的开端,是人一生幸福、活力和创造力的源头。然而,现在无论学校还是家庭,过早过量的知识教育正在扼杀不少孩子的童年欢乐。

有个朋友音乐做得非常好,问起他做音乐的心得,他说就两个字:玩呗。做音乐,玩着玩着就有灵感了。还有一个计算

> 等待着下课,等待着放学,等待着游戏的童年。——罗大佑《童年》

机程序设计师,问他心得如何,答:写程序就是玩。玩着玩着,那些数字就跳出来了。我们可以看到,成年人在玩的过程中能产生灵感,取得成就。而具有玩的天性的孩子,更需要一个玩的环境。

我姐姐的孩子最近刚上幼儿园。早上,她睁开眼睛的第一句话是:"今天我不去幼儿园?"母亲又哄又吓,孩子就是不愿意去。问她:"是不是老师批评你了?是不是小朋友欺负你了?"她都摇摇头,最后语出惊人:"幼儿园不好玩!"

是的,今天的孩子呐喊:我要童年,我要玩。

玩是孩子的天性。玩是孩子认识环境、探索世界的最自然、最主要的方式。玩不仅仅是娱乐,也是一种锻炼,更是一种学习。因为孩子在玩的过程中,要开动脑筋,要发挥自己的想象力,要具体去实践,这样既能增强孩子的想象力,又能培养其创造才能。此外,孩子在与同伴玩的过程中,还能发展其交往能力,增强孩子们之间的友谊。如果我们的孩子善于掌握各种知识,却分不清海棠和茉莉,听不懂溪水和流泉,不知道蚱蜢怎样跳,不了解蒲公英怎样飞,这样的知识有什么用?这样的童年还有

小热爱学习,求知欲望强,获得了各种各样的奖励。

相比之下,许多父母认为对孩子照顾周到是负责,于是在孩子生活的各个方面都要插手管一管,从而整日"唠唠叨叨,没完没了",这种观念本身就是错误的。

给孩子营造一个和睦的家庭环境、一个自由发展的空间吧,在生活中让孩子自己明白道理、自己改正或改进某些不足吧,这样会比唠叨式的教育有更好的效果。

中国科学院心理研究所的一项调查研究表明:我国6~12岁的城市儿童存在着"厌烦"母亲的倾向,而父亲相对来说却成了孩子眼中的"红人"。

我要童年我要玩

一位名人说,人生的季节不容错过。正如一株植物,必经春华才能秋实,必经一定的生长期才能饱满一样,人生也须一步步过来,方才正常。

有些父母无视青少年成长发展的客观规律,演绎了一个个揠苗助长伤仲永式的现代版故事。

记得上高中时,班上来了个小同学。说他小,因为他读书一再跳级,于是比我们班的同学要小三四岁。他母亲是个教师,取消了他所有娱乐的时间,目的是希望通过她和儿子的共同努力,让儿子将来考上中国科技大学少年班。不幸的是,这名同学在高二下半学期因突发脑溢血住进了医院,幸亏抢救及时,捡回了一条命,但考少年班的愿望落了空。这叫做:人误地一时,地误人一年。家长误孩子,误了他一生。

为揠苗助长而让孩子失去玩的欢乐的家长毕竟是少数,严重的问题是今天绝大多数的孩子,因为学业负担过重,都丧失了玩的权利,错过了玩的季节。从这点上说,他们失去了童年。

一个让人哭笑不得的新闻被一年年提起。某某教育局决定,六一儿童节为小学生"无作业日";某省教

十二、孩子心声折射的家教问题

是有的东西我不爱吃,有的东西还真的很难吃,为了这常常和妈妈闹矛盾。有次生病很难受,我在家休息了一天。在父母眼里,我是旷了一天课。第二天放学回家,我自己抓紧补课,补得累了便站起身调整一下,爸爸立马说:"学习的时候怎么静不下心来!"这样的唠叨和烦扰,叫我如何是好?

这两个孩子的心声也是多数孩子的心声。其实,大多数孩子有一定的自我约束力,每一个人都有上进心,没有人天生愿意落后。但是并不是每个孩子通过努力都能获得相同的结果,当努力了却未能取得好成绩时,他们最怕的就是父母在耳边唠叨。父母对儿女的关心和爱是最真诚的,但过度关爱反而会给孩子带来烦恼。一个教初中的老师说,她教的每个班都有2/3以上的学生表示有烦恼,集中在"家长唠叨"和"不让看电视和玩电脑"两个方面。家长的唠叨,成了孩子头疼的事情。

有的母亲对孩子事事关心,甚至连生活小节都一一代劳,可测试的结果却显示,孩子对妈妈的情感比爸爸更疏远一些。可见,父母与孩子交往频率的高低不一定与孩子内心情感的倾向呈正向相关。许多父母缺乏教育孩子的科学方法,不能真正了解孩子的内心世界;以自己的期望值来要求孩子,不停地唠叨,时间长了,父母的话不仅不再受到孩子的重视,而且可能在孩子的内心造成负面的影响。

经常唠叨的父母应该认识到,假若责骂变得像家常便饭一样的平常,孩子对任何的责骂都感到无动于衷,起不了作用事小,因此而丧失自信心事大。

其实,读书只是一个学习过程,对于家长来说,孩子健康成长拥有美好的未来是最重要的,而健康的表现最主要的不是孩子考没考上大学,而是拥有健康的人格和面对未来的信心。人格不健康,就算是读到博士也只会对社会产生负面影响。

对孩子的教育光靠无休止的说教是不行的。一个被评为全国好家长的母亲说,在教育孩子的问题上,她一般不会絮絮叨叨地要求孩子做什么,而是十分注意自己平时的言传身教。她和丈夫从来不在家打牌搓麻将,也无其他不良嗜好,而是把时间、精力放在了学习、工作和对孩子的培养上。她在工作之余通过刻苦学习,克服工作繁忙、家庭负担重的困难,获得了某重点大学的毕业文凭。在企业的不断改革中,凭着不断充电、不断学习、不断进步的精神,始终没有落伍。在她的影响下,孩子从得我头都变成了两个!

那算什么!上次我爸爸为我差1分就得满分的卷子啰唆了一整天呢!我当时就昏过去了,当然,是假装的。

哈哈……

当时听到上述对话,觉得蛮好玩的,后来再想想,觉得许多孩子是挺无奈的。如果我们留心一下周围的生活,会听到孩子更多的议论:

我家里人真是啰哩啰唆,无论我干什么事,他们都会唠叨个没完没了,烦死了。

爸爸妈妈对我管头管脚也一样厉害,一会儿这样,一会儿那样,连零花钱怎样花也要天天汇报,真讨厌!

听一听一个小女孩的心声:

人人都有妈妈,但我觉得我的妈妈特别烦人。她对我的学习很重视,经常教育我,什么学海无涯苦作舟,什么头悬梁锥刺股,千句万句只有一句话,要我抓紧时间学习,不能放松自己,更不要贪玩。最近我成绩有点退步,这下她可来劲了。整天说,学习不好上不了重点高中,上不了重点高中就上不了大学,像祥林嫂似的没完没了。我妈天天这样唠叨,也不管我爱听不爱听。我本来还有决心和抱负,结果被她这么一唠叨,连学习的兴趣也没了。

每天放学回到家里,妈妈就要问:今天有多少功课要做?语文作业是什么?数学作业是什么?做作业时,妈妈又要千叮咛万嘱咐:把字写工整了!腰挺直了!拉开窗帘,小心眼睛!过一会儿,妈妈还要问:现在做完几样了?抄错题了没有?题目做对了没有?抓紧时间,不要磨蹭!妈妈呀,你这样在旁边打搅,怎么能让我安静下来做功课呢?

我有时候会上上网,妈妈就跟我唠叨网瘾的事。我相信自己并没有多少网瘾,上网也只是和同学聊天放松一下自己。可妈妈却教训说:"又上QQ了?你怎么就爱搞不三不四的东西?"她这么不能理解我,我真的想永远离开这个家。

再听一听一个即将参加高考的学生的心里话:

父母希望我考上"一本"。无论在餐桌上还是在上学的路上,他们总会提及高考这个话题。为了保证营养,妈妈老让我吃这吃那,说对身体有好处。可

十二、孩子心声折射的家教问题

称赞和鼓励孩子是一门艺术,要讲究方式方法,弄不好也确实会适得其反。例如,我们可以这样来称赞孩子:"这是个很难的题目,但我知道你喜欢尝试难题,这样你才学得快";"你表现好,我为你感到骄傲",等等。有时称赞和鼓励还可以用在对孩子的批评之前。比如,当孩子出现了错误,先对孩子平时的表现一分为二,肯定好的一面,再指出其不足的方面,不是一味地责骂,而是告诉孩子如何在下次做得更好。

> **经典案例**
>
> 孩子做数学练习题,在10道题中,当孩子做对8道题时,大多数父母都会说:"你怎么搞的,做错了2道题?"很少有父母对孩子说:"很好,只错了2道题,下回就全对了。"这样,孩子就会很高兴地再做一遍,并争取下回全做对。事实上,经常鼓励孩子,孩子不但不会骄傲,而且会越做越好。

任何微小的成功,都能增强孩子的自信。当一个孩子能写好一个字、做对一道题、得到老师奖励的一面小红旗、洗净一双袜子、做出一个菜、补好一枚纽扣、擦净一次地板时,他都有成功的喜悦,会期望自己下一次做得更好。作为家长,给孩子帮助,让他有点滴的成功体验,并不是多么难的事情,只需大处着眼小处着手,由此让孩子在一个个小小的成功中,积累一分分的自信。

当然,批评孩子也是一门艺术,需要讲究方式方法,切忌不可伤害孩子的自尊心。父母在批评孩子时应该注意以下几点:

☆要端正批评的目的。

☆就事论事,不要节外生枝,注意阐明道理。

☆惩罚不是体罚,体罚是百害无益的。

最后,我们向所有的父母转达孩子的心声:爸爸妈妈,我不想在否定我的氛围中长大!衷心希望每一个为人父母者,面对孩子三思而后言,学会尊重孩子的心灵;学点教育孩子的方法,争做孩子的知心朋友。

 唠叨让我心烦

在公共汽车上听到小孩子一段有趣的对话:

嗨!昨天我妈妈为我考试卷子上的一个小数点错误,唠叨了一晚上,听

废物"、"鬼都不信你将来会成为有用的人"、"你想有什么作为？做梦！"殊不知，这些气话根本起不到作用，只会使孩子与父母的关系越来越疏远，甚至构成对孩子终身的伤害。年龄小的孩子自我认知的能力差，自然会相信父母的话，时间一长就陷入自卑的深渊。他们会想：我是天底下最笨的坏孩子，再努力也没用了。所以，父母对孩子的否定，实际上抹杀了孩子对将来的希望和美好的憧憬。

童年期是一个人树立自信心最关键的时期。这个时期的孩子最需要他人对自己的角色认同。有一句教育名言：要让每个孩子都抬起头来走路。"抬起头来"意味着一个人对自己、对未来、对所要做的事情充满信心。当他昂首挺胸、大步前进的时候，他心里就有诸多的潜台词——"我能行"、"我的目标一定能达到"、"我会干得很好的"、"小小的挫折对我来说不算什么"……假如每个孩子都有这样的心态，肯定能不断进步，成为德智体全面发展的好学生。

然而，事实上有相当数量的孩子缺乏自信心，缺乏上进的勇气。缺乏自信的根源，重要的原因就在于父母亲对孩子经常性的否定，以及对孩子自尊心的忽略。要知道，孩子再小也是一个独立的人，也有自尊心。许多研究表明，鼓励往往使孩子做得更好，否定性刺激反而会使孩子失去信心。孩子的成长，需要来自父母的肯定和赞扬。即使是批评，也应当入情入理，让孩子心服口服。总之，父母要学会鼓励，不要老说其他孩子比自己孩子强。前者要加强，后者要切忌。

下面，讲一个真实的故事吧。

有个大学女教师，在教学工作和学术研究上都做出了令人赞叹的成绩，是众人认可的成功女性。您知道，这位女教师最在乎谁对她的看法吗？是她的母亲！那位只有小学文化、远在山区小镇上的母亲！母亲信中那歪歪扭扭的字迹，让大学女教师百看不厌。母亲那句"孩子，妈有你这个女儿真好！"女教师觉得，这就是世界上最美丽的语言。

是啊，作为子女，谁不想得到父母的肯定呢？——哪怕我们并不出色，哪怕我们已经白发苍苍。所以，请父母们尽量收敛否定性的语言，多给孩子肯定和鼓励。相信每一个孩子都会觉得，那是世界上最美丽的语言。

中国人讲究谦虚。中国的父母对那种"癞痢头的儿子自己好"是嗤之以鼻的；中国的父母不轻易表扬孩子，就是怕孩子骄傲，做扶不起的"刘阿斗"；中国的父母总是对孩子提更高的要求，然而这样做往往容易使孩子失去学习的兴趣和动力。

的可怜。

要命的考试总算结束了。一个月来，我早起晚睡，有时累得眼冒金星。妈妈，说这些我只是想告诉您，您的女儿知道努力，不管努力的结果是好是坏，我真的尽力了。回家后，我想听见的是鼓励的话，哪怕只是一点点，或是一个小小的微笑。但这一切都没有，听到的却是："每次考试就考那么点分数，真不知道你的脑子是怎么长的！"那天晚上，我哭了，偷偷地哭了，您知道您的那些话伤了我吗？有时，我真的不想学了，学了半天，最后得到的却是讥讽、批评，我受不了。您不知道，那些话对我没有好作用，只会起反作用。我发自内心地想学，现在我所缺乏的就是您的鼓励。您可知道，您给我的一点鼓励，会给我带来多大的帮助啊！您可知道，您随便给我的一点讥讽，能给我带来多大的烦恼啊！您有时气得我想骂人，想学坏，想撕书……我真快烦死了。但这一切，您都不知道，我只有自己来忍耐，自己来承受……

读完这篇文章，我们可以看到女孩是多么渴望得到父母的关爱和鼓励，父母鼓励的言语对孩子健康心理的形成有着多么重要的作用。可是女孩的父母却习惯性地运用否定性的语言来刺激她，给她造成了巨大的精神压力。今天许多父母都是这样对待他们的孩子的。他们总觉得孩子没有尽到最大努力，总觉得孩子的考试成绩还可以更加优秀。当孩子无法满足父母的期待时，许多父母便会感到悲观失望、灰心丧气，从而用贬损的话语来刺激孩子，把孩子比得一无是处。

父母亲的苦心可以理解，批评孩子无非是希望孩子可以做得更好。但是，由于对孩子的期望太高，孩子细微的进步父母都看不到，似乎只有语文100分、数学100分、外语100分才是令他们满意的结果。比如，当他们的成绩从85分进步到90分，很高兴地回到家里时，得到的却是爸爸妈妈这么一句话："得了90分你也好意思说，真丢死人了！"当他们努力学习，发誓期末考试一定要翻身而结果又没考好时，父母就送去讥笑："你看你呀，我早说你不行吧！"

父母的话可能只是随口说说，但这些话语的杀伤力显而易见。什么"一个十足的

十二、孩子心声折射的家教问题

孩子为什么会成为与父母对着干的"造反派"？当我们批评指责孩子以自我为中心的时候，难道没有检查一下父母自己身上也存在的以自我为中心的倾向吗？在教育孩子时，父母完全从自己的视角和体验去看待和处理问题，完全不顾孩子的看法和感受，这种主观主义才是孩子成为"造反派"的主因。我们的父母不妨以一种平静的心态听一听孩子的心声。

别把我比得一无是处

笔者曾看过一个调查报告，在给父母们的调查问卷中，有这么一个问题："在和孩子交谈时，您最爱说的三句话是什么？"其中，"听话"、"好好学习"、"没出息"位居榜首！"没出息！"这句带着强烈贬损意味的话出自爸爸妈妈口中，不知刺伤了多少孩子的心。

笔者还曾看过一本杂志的《知心信箱》栏目，孩子们经常诉说父母如何讽刺挖苦贬损自己。有个12岁的小女孩在信中这样写道："我小小的心灵怎么受得了如此摧残！"甚至有孩子咬牙切齿地写道："爸爸妈妈老是说看人家×××怎么样，我真恨不得把×××一刀杀了！"这里我们想问的是，父母对孩子的否定态度究竟起了什么样的作用。

我的一个朋友曾经给我看过她女儿写的一篇作文，看了以后才发现孩子是多么

孩子们在家庭中学会的,首先是正确的人生观、世界观和价值观,真切感受家庭的快乐、和谐,因此父母的关系决定家庭质量,影响孩子成长。

就家庭环境对孩子成长的影响,有关专家曾经试图从"父母给孩子提供的经济条件"、"父母学历高低"等方面寻找答案。结果发现,这两个因素对孩子成长都没有直接影响。于是,冯纳斯基斯教授和他的同事开始研究"父母的社会行为对孩子发展的影响"。调查表明,父母的社会行为直接影响到孩子能否健康成长。特别是夫妻关系的质量对孩子的影响尤甚。一般来说,夫妻关系好、家庭稳定,孩子的快乐程度就高,也很少会出现心理问题。而如果夫妻关系不好或者离异,则会严重影响孩子的身心健康。

冯纳斯基斯教授曾经尝试帮助7~13岁的孩子增强自我保护意识,这些孩子均来自离异家庭,结果他得到了这样的结果:这些孩子中有24%的人无法接受父母离异这个事实,需要接受心理咨询;而如果父母离异后再婚,那么需要接受心理咨询的孩子比例就急剧上升到47%。

第三,家教"优质时间"的核心内容是"爱"。

现代社会生活节奏快,父母(特别是父亲)往往因为工作忙而很少有时间跟孩子相处。有这种愧疚心理的父母以为,尽量多挤出时间跟孩子相处,就可以"补偿"了。于是有的父母对孩子有求必应,一掷千金,用物质来取代精神亏欠。

冯纳斯基斯教授认为,父母与孩子之间关系的好坏,不在于在孩子身上投资的大小。在孩子长大成人前,父母必须在家庭教育上花大力气。如果将一个家庭在孩子身上的所有投资以"1"为计算单位,那么父母就应将其中的50%投资在家庭教育上。决不能认为把孩子送入收费较高、教学质量较好的学校就万事大吉了。如果把教育的责任完全推给学校,就是不负责任的行为。

在孩子成长过程中,父母能够给予孩子最有价值的礼物是"爱"。所以,父母应学会如何与孩子相处,随时了解孩子心理。父母要在有限相处的时间里,和子女一起读书一起做游戏,不仅给孩子提供向父母学习的机会,而且促进家庭成员之间的交流,增进家庭的和睦;遇到困难时,要让孩子感受到父母在关心、支持和鼓励他,无论孩子犯了怎样严重的错误,父母都要对孩子有一颗宽容的心。

综上所述,家教"优质时间"的本质就是:要关注孩子而不是以孩子为中心,对孩子进行随机教育和心理沟通而不总是整天盯着孩子或围着孩子。

街,和孩子一起吃饭给孩子讲故事,和孩子一起看电视的时候,要和孩子交流,教孩子弄懂一些道理,明白一些事情。

"劣质时间"是相对于"优质时间"而言的。比如孩子做作业的时候,父母在旁边看着,看似家长在陪伴孩子,实际上在孩子想来,父母是在监视他(她)。这段时间,就成为名副其实的"劣质时间"了。

所以,家教成功与否的关键之一,在于父母是否掌握教育的"优质时间"。

有媒体报道:每逢周末,加拿大的父母都会尽量跟孩子在一起,安排丰富的娱乐节目。一般是开车带孩子出去,车上这段时间可以跟孩子交谈,了解孩子。夏天,父母会带他们去钓鱼、野营;冬天,则去滑冰、滑雪、打雪仗……或者是早上陪孩子去麦当劳,之后一起玩冰球,再送孩子去学习跆拳道;或者几个家庭聚在一块儿度过。他们都会利用这些时间,抓紧与孩子交流,绝对不会像中国的父母那样,在周末把孩子送出去上课。

由此我们可以明白,在家庭中家教的优质时间,就是父母和孩子亲密接触时对孩子教育和充满爱心的关怀所付出的时间。父母陪伴孩子的"优质时间"就不能等同于"全程陪读",重要的是在于亲子互动的质量。

德国慕尼黑学前教育研究所所长W.E. 冯纳斯基斯教授的相关研究可能会给予我们很多启示。

第一,父亲的参与是优质家教的关键。

冯纳斯基斯教授对德国为人之父的1058名成年男子、700多名成年女子和330名孩子展开了追踪调查,结果发现答案惊人的一致,即67%的人心目中父亲的角色是"教育者",只有33%的人认为父亲的角色仅仅是"养家糊口"。这意味着,现代德国父亲是以"教育者"的新形象出现在大众面前的,这样的父亲不仅有能力让孩子接受更多教育,还在跟孩子打交道时具有开放性,即随时愿意倾听孩子心灵,与孩子交流情感。

因此,冯纳斯基斯教授建议,工作繁忙的父亲应想方设法积极参与到家庭生活中来。而孩子的母亲则要积极鼓励丈夫参与抚养孩子,教会丈夫尽快进入教育孩子的角色。

第二,家教的"优质时间"受家庭生活质量的制约。

十一、西方家教对我们的启示

演算使人精密,哲理使人深刻,道德使人高尚,逻辑修辞使人善辩。总之,知识能塑造人的性格。"自觉养成读书习惯,热爱读书,是父母送给孩子最好的人生礼物。

瑞士钟表匠伊萨克在工作台旁一边工作,一边教3岁的儿子卢梭认读普鲁塔克的《名人传》。在父亲的督导下,卢梭7岁前已经"啃"完了勒苏厄尔的《教会与帝国历史》、奥维德的《变奏记》等书籍。书使他获得了灵气和悟性,产生了信念、力量和荣誉感。这为他日后写作《忏悔录》、《爱弥儿》、《社会契约论》等书并成为伟大的启蒙思想家、哲学家和文学家奠定了基础。"书籍是人类进步的阶梯",也是促进和激发读书人创造力的阶梯,善于从书本中汲取营养并把它应用到实际中去,产生巨大的社会效能,这才是一个真正会读书的人,不是一个"死读书"、"读死书"的书呆子。

在一项"创造力发展调查"中,近5000份的问卷,约有三成的人认为自己"没有创造力"或"很没有创造力"。尤其是女性,认为自己没有创造力的比例要高于男性。有人认为我国青少年成了各种考试、竞赛得高分、拿名次的机器。这项调查结果从一个侧面表明我国现有教育机制和家教环境存在的问题。

中国的父母们,请让孩子做个会读书的人,不要做背着书本的"毛驴"!

家教的"优质时间"

"优质时间"在美国是常用语,十分流行。许多美国人喜欢把日程安排得满满的。越来越多的女性不再满足于照顾家庭,纷纷走出家门去工作。于是,他们与家人或与亲朋好友很难有时间相聚。美国人提倡"优质时间",他们已意识到与家人或朋友共处,不在于长短,而在于质量。

在词典(Longman Dictionary Of Contemporary English ,2003年版)中,"优质时间"(quality time)是指给某人以悉心照料的时间,尤其指父母在工作不紧张时与孩子一起度过的时光(词典的原文:the time that you spend giving someone your full attention , especially time that you spend with your children when you are not busy)。

家教中,"优质时间"强调的是父母和孩子一起度过的时间的质量,这比陪伴孩子的时间长短还要重要。从实际意义上讲,"优质时间"是指在父母领孩子上天赋后,要使孩子的天赋转化为后天的创造力,因材施教就成了关键。世界著名物理学家居里夫人对她两个女儿就采取了因材施教的方法,使她们发挥各自特长,日后在各自领域内施展了自己的创造力,取得了丰硕成果。

第三,善于营造培养孩子创造力的环境。

如果说上述两个条件是培养孩子创造力的重要前提,那么孩子的潜能要得以正常发挥,父母还必须有意识地保护这种学习天赋和兴趣,比如,父母的评价机制、孩子是否善于提出问题等所营造的学习和生活环境,则是培养孩子创造力的重要因素。

一名儿童拿着自己画的"作品"让父母鉴赏,他会问:"你看,我画得如何?"如果父母回答"画得真好",这就是肯定孩子的劳动成果,肯定作品是他自己的、独一无二的,肯定作品表达了他自己的愿望,孩子就会充满成功的喜悦,更加激发他的创造性;如果父母回答"画得真像",这一回答无形中暗示了孩子的作品只是临摹,这种评价意味着,孩子画得再好也是模仿别人的创造,只是重复别人的劳动,缺少个性特征。一"像"一"好",仅一字之差,却有天壤之别。由此可见,父母的评价体系所构筑的家庭氛围,将对孩子创造力的培养起着重要的作用。

父母要鼓励孩子养成凡事发问的习惯。问题是思维的起点,发问对于孩子创造力的开发将产生深刻的影响。父母可以训练孩子的发散性思维,鼓励孩子从多个角度去学习、审视知识,发现其中不完善甚至是错误的地方,勇于提出问题、挑战权威,大胆地试、大胆地闯。父母如果以习以为常的姿态或不以为然的态度,对待孩子的各种离奇古怪的提问,必然会逐渐扼杀孩子种种探索的冲动。因此,父母如果能够有意识地引导孩子,保护孩子的好奇心,对孩子的提问努力表现出自己的兴趣,并且与孩子一起去思考,去寻求未知的答案,孩子提出问题的欲望就会不断增强。

第四,博览群书是培养孩子创造力的基础。

弗兰西斯·培根早在400年前就告诫人们:"读史使人明智,读诗使人聪慧,

其实,天赋是人先天具有的、无师自通的一种素质。8个月的胎儿在母体中,对宇宙万物中的声、光、图案、色彩、景物等已有着某种天然的交融感应。但有再好的天赋也需要发掘,每个人都有可能在某个领域里蕴涵着某种天赋。对于孩子独特的禀赋,高明的父母总是能细心及时察觉并能因势利导,把孩子的潜能充分挖掘出来。有的放矢地教育,为孩子创造力的培养和开发打下坚实的基础。

可以说,善于发现并挖掘孩子的天赋是激发孩子学习创造力的第一步。父母要使自己的孩子将来不做"背驮书本的毛驴",就要尊重孩子的点滴创造,善于发现孩子身上的亮点,培养孩子独立的人格。放手让孩子去想、去做、去玩,让他们接近大自然,呼吸新鲜空气;让他们大胆动手实践,哪怕成果稚拙也要鼓励。欣赏、赞赏、激励往往是孩子创造力的源泉和动力。

第二,因材施教是培养孩子创造力的关键。

创造力也是一种思维能力,它并不是漫无边际、天马行空式的创意,而是能提出问题、解决问题、创造新事物、帮助人适应环境的能力。当发现孩子的某些

> 居里夫人的家教理念是:充分挖掘女儿的创造力,而不是死记硬背只会考100分。还在两个女儿——伊蕾娜·居里和艾芙·居里牙牙学语时,居里夫人就开始注意到她们的不同天赋。她在笔记本上写道:"伊蕾娜在数学上聪颖,艾芙在音乐上早慧。"当两个女儿上了小学后,她让她们每天放学后在家里参加1小时的智力活动,以便进一步发掘其才能。当女儿进入中学后,她让她们每天补习一节"特殊教育课",请名师教化学、数学、文学、历史、雕塑、绘画、外语、自然科学,居里夫人本人则亲自教物理学。两年后,伊蕾娜性格文静、专注,迷恋化学并立志要当科学家研究"镭"。居里夫人觉得,这些正是科学家应具备的素质,于是着重培养她的自然科学才能,充分挖掘其优势。艾芙生性活泼,充满幻想,对科学不感兴趣,对文艺却情有独钟。居里夫人并没有强迫这个女儿继承父业,而是提供有助于发挥她文艺特长的学习条件。最终,伊蕾娜因"新放射性元素的合成"而获1939年诺贝尔化学奖,艾芙则成为一位优秀的音乐教育家和传记文学作家。

众所周知,中华民族是一个智慧的民族,中国孩子智商高,在各类知识性考试中往往是出类拔萃的。谁也不会怀疑中国孩子的学习能力,即便是在国内学习成绩平平的学生,到了国外其考试成绩大都名列前茅。然而,在生活和其他领域,中国学生的能力就难以与洋学生比拼了。知识的学习和知识的运用,这两个不同的学习取向,成为区别中外学生的分水岭。

在以色列,人们把仅有知识而没有创新能力的人,喻为"背驮书本的毛驴"。他们认为,没有创新的学习只是一种模仿,学习应该以思考为基础,要敢于怀疑,随时发问。怀疑是开启智慧大门的钥匙,知道越多,就越会发生疑问,问题也随之增多。许多父母常问放学归来的孩子:"你又提问题了吗?"

有人称犹太民族是一个企图揭示自然和人类秘密的"哲学家民族"。喜欢思考宏观的、深层次的问题,喜欢推导、创新。马克思是犹太民族的杰出代表。他们从看似沉寂的自然界和纷繁复杂的人类社会中找出其运动的规律性;他们不拘泥于已有的科学结论,而是沿着研究、怀疑、探索、总结的足迹,在原起点上达到一个新的境界。

古今中外的科学家及各类专门人才,无不踩着这条足迹,构建自己的理论体系,成为人类文化宝库中一颗颗耀眼的星星。

由此可见,对一个国家和民族而言,其教育理念应该以培养创新型人才为目标。对于家庭来说,从小培养孩子的创新能力成为家教的重要内容。如何培养孩子的创新能力呢?

第一,父母要善于发现孩子的天赋。

19世纪著名数学家、物理学家麦克斯韦很小的时候,有一次父亲叫他画静物写生,对象是插满秋萝的花瓶。在麦克斯韦的笔下,花瓶是梯形的,菊花成了大大小小的圆圈,叶子则用一些奇怪的三角形表示。细心的父亲立即发现小麦克斯韦对数学特别敏感,就开始教他几何学和代数,培养他的数学才能,最终造就了一位伟大的数学家和物理学家。这则教育典范事例告诉我们,**渴望子女成才的父母不能一味地主观独断,把自己的愿望强加在孩子身上**,想当然地要求孩子学这学那,不顾孩子有无兴趣。麦克斯韦父亲的高明之处在于,他善于捕捉孩子成才的敏感区,发现孩子身上独特的天赋。

一个社会、一个民族这样的"大家"由一个个"小家"组成,家庭成员的素质决定国家和民族的整体素质,因此教育不能局限在一个个"小家"内。

犹太人让他们的孩子从小就知道自己民族的苦难史,教育他们从历史中进行反思,总结教训,不让历史重演;他们教育孩子懂得知识对于个人及民族的重要性;父母身体力行,成为孩子爱读书的楷模。联合国教科文组织1998年的一次调查表明,在以色列,14岁以上的以色列人平均每月读一本书,全国450万人,就有100万人办有图书证,形成全民读书的良好氛围。在这样的环境熏陶下,孩子自然而然地爱书,不需要家长强迫也会热衷于读书了。

我国也进行了读书状况的调查,结果令人堪忧。调查显示,最近几年,我国年人均购书量及阅读时间都呈下降趋势。有幅漫画形象而入木三分地刻画了一些家庭不读书的现状:大人挑灯夜战"搓麻将"——孩子问"酣战"的父母"三加四等于多少",父母回答:"七饼!"这样的家庭环境不仅影响孩子的学习,更严重的是影响孩子的学习态度、兴趣,乃至品行的形成。

家庭教育的潜移默化的影响是不容忽视的。今天我们提倡建设"学习型"家庭,在全社会形成多看书、看好书的氛围,培养下一代好的读书习惯,已经刻不容缓了。

 ## 勿做"背驮书本的毛驴"

在学习上有两种能力——学习知识的能力和创新的能力,后者比前者更重要。学习知识只是学习已有的东西,学习他人的探索研究成果。学习的目的不是纯粹地累积知识,而是在前人研究的基础上更进一步,使之得以推进和提升,这就是才能。因此,仅仅具备丰富的知识是远远不够的,还必须在应用的基础上加以创新。

购课外习题集、考试分数不公布、成绩不排名次等。但实际上不是这么回事,学校走"曲线救国"的道路:上级明令不许学校购买名目繁多的课外辅导书,学校就通知家长自己去买。开学前的家长会议有一项内容,是布置家长购买各种学习辅导材料。那几天书店门庭若市,好不热闹;有的书籍被抢购一空,家长需要跑三四次才能买齐。至于考试分数不公开、不排名的禁令,有的学校也是"阳奉阴违",有的老师在试卷的一角写上该学生在班级的名次。

要改变这一状况,必须围绕着素质教育进行教育体制的改革和转变家庭教育的观念。孩子学习知识是为了增长才智,提高各方面修养,而不是让孩子成为积累知识的容器,否则孩子从学习中获得乐趣就成了一句空话。

第二,家长是培养孩子读书兴趣的老师,要提倡亲子读书。目前,中国应试教育体制也把家庭教育卷入其中,紧随着分数的指挥棒转。父母最关心孩子各科成绩的优劣,家庭教育体现出急功近利的取向。父母只注重智力投资而忽略孩子的品格教育。实际上,孩子对书本的热爱,对学习兴趣的培养,家长承担着重要角色。

孩子对学习的兴趣并非天然具有,要靠家长引导。在犹太民族的家庭,父母很了解婴儿喜欢甜味的特性,因此在书本上滴上蜂蜜,因势利导让孩子对书本产生兴趣;久而久之,在孩子的潜意识里产生了对书本喜爱的因子。而中国的许多父母采取的是另一种方法。在孩子牙牙学语时,父母盲目地教其识字、数数,如果孩子不耐烦还会呵斥,无形中严重挫伤了孩子学习的兴趣;久而久之,有的孩子对读书、对书本产生了厌恶情绪。

现在,随着经济发展和生活水平的提高,中国父母的文化素养得以提升,闲暇时间相对增多,家长应该把更多的时间花在亲子共读上。"共读"不是"陪读"。前者是在教育子女的同时,自己也获得知识。和亲子游戏一样,"共读"是亲子读书,它也能增加两代人之间的亲情,这是一件一举数得的事情,何乐而不为呢?而后者则是在父母的监督下读书。表现为,"兢兢业业"的父母盯着、守着正在做作业的孩子,无形中让孩子感觉到学习的巨大压力。不是"我要读书",而是"父母和老师要我读书",这是根本无法培养孩子爱书情感的。

第三,教育是提高国民整体素质的大事,需要全社会养成良好的学习风气。

族文化得以传承,不断加深民族情感,塑造独特的民族性格。他们不仅教给下一代本民族历史中的辉煌,更强调历史中的失败和遭受的迫害。这种"痛苦的教育"不但让孩子知道人生有喜悦和幸福,更有黑暗和失意,因此对于人生,要永远警醒,不断进取。

犹太人把学习称作"重复",就是通过多次听、说、读、写,最终将所学内容掌握。这种坚持不懈的学习毅力,竟成为犹太民族性格中的一个鲜明特点。它不是先天具有的品质,而是在生活的细节中长期养成的。比如,犹太人有的节日里人们整整一周都吃一种淡面包,意在体会辛劳的感觉;餐后,要诵读经文,感谢上帝的恩惠。通过这种方式不断地学习和复习经文,达到对事物的理解,培养出坚韧不拔的品质和努力进取的精神,使犹太民族在人类历史长河中闪耀着夺目的光辉。

一些犹太人家庭有个非常有趣的现象:在孩子刚懂事时,父母就要让孩子知道"书本是甜的"。母亲翻开《圣经》,先滴上一滴蜂蜜,然后让孩子吻《圣经》上的蜜。这个细节在孩子幼小的心灵里留下最初印象:书本是甜的!独特的教育方式,使孩子不知不觉中增加对书的喜爱,慢慢养成读书的好习惯。

犹太人这种独特的教育方式,有效地激发了孩子们的求知愿望并促使其人格完善,给中国家庭教育以深刻的启示:

第一,以培养孩子的学习兴趣为重,让他们懂得要做书本的主人,不做书本的奴隶。当下中国的父母比较头疼的一个问题是,孩子读书学习的主动性、积极性不够,需要家长的督促、监督,甚至责骂、体罚。造成这种现象的根本原因是现行教育体制以及家庭教育缺乏激励孩子自觉读书的内在机制。

笔者的孩子就读的小学是素质教育的示范学校,也是教学改革的试点学校,许多改革措施都是围绕提高学生整体素质而精心设定的,比如不给学生订上),是件很丢脸的事情!

从英美国家的家教实践看,以下培养孩子独立生活能力的经验可供借鉴:

第一,给孩子宽松的环境。父母要给予孩子成长的自由和控制自己生活的权利,可以先在一些生活小事上给孩子作决定的自由,然后再将他们可以作决定的事情范围不断扩大,逐步培养其独立生活的能力。

第二,相信孩子。随着年龄和能力的增加,逐步提高孩子做事的难度,慢慢强化孩子完成任务的骄傲感,使他们不断提高自我判断能力和增强自信心,更加自信和自律,不再事事依赖父母。

第三,尊重孩子。孩子虽是自己的,但他们也是社会的,他们有自己的头脑、思想和情感。父母要尊重孩子的人格和他的意志,尊重孩子自己对人生的选择。

中国父母,如果你们不想成为孩子永久的"提款机",那么就请早早地放手让孩子走自己的路,早早地让他们去创业吧!

 书本是甜的

"书山有路勤为径,学海无涯苦作舟",是中国的家长和教师经常勉励青年学子的名言警句。单从字面上看,这段话总让人觉得读书是件辛苦的事情,有被动意味,并不是学生发自内心对书本产生由衷的热爱,学习的积极性和效果要打些折扣。这种促学方式相对于犹太民族培养孩子对读书的热情、对知识的渴求和热爱,就稍逊一筹了。

犹太民族家庭教育的最大特点是,孩子学习知识是自然而然的过程,父母把培养孩子的学习兴趣贯穿于其童年期和青少年时期。

孩子到了七八岁的时候,父母经常问他(她):一旦遭到别人袭击,你首先带上什么逃命?父母会否定孩子给出的"金钱"或"宝石"等回答,强调要把"知识"带走。因为知识与金钱、宝石不同,只要人活着,自己掌握的知识就永远不会被别人抢走。据说,犹太人的墓园里也摆放着《圣经》,让死去的亡灵继续读书。这意味着人的生命有结束之时,而求知是无止境的。

犹太人通过培养孩子读书的兴趣而让孩子逐步了解本民族的历史,并使民

件。培养子女的独立性问题,不能简单地一概而论。从现状看,西方青年18岁就要养活自己,其独立生活能力要比中国青少年强些。这是与社会经济发展水平分不开的。相对来说,英美国家的学生接受教育的机会多,通往高等教育的路不像中国这样拥挤不堪。学生可以半工半读,同时可以向地方政府或学校低息贷款,毕业后还贷30年至40年。而中国学生一方面要为升学日夜苦读,另一方面社会可供学生半工半读的机会不多,大多数学生只能依靠父母的资助才能完成学业。近年来,国内许多大学实行勤工俭学,政府也出台了学生可向银行低息贷款的相关政策,在一定程度上培养学生自食其力的能力,使贫困生不致中途辍学。但是应当看到,贷款助学在中国还刚刚起步,面对人数众多的学子,这些贷款无异于杯水车薪。

最后,从英美国家的文化传统看,西方社会有崇尚独立的传统。他们更注重个性发展和个性张扬,家庭观念远不及中国浓厚。在教育子女问题上,他们尊重孩子的选择,给予一定的自由空间。某大学一位外籍教师曾与笔者谈及家庭教育,她讲了这样一件事:一天早上,她的儿子非要穿着睡衣去上学,母亲百般劝说,孩子还是一意孤行,最后这位母亲让步了。笔者问及感受,这位母亲说:"孩子非要穿睡衣到学校,就让他自己去感受一回,这样做可不可以;强制不如让他亲身体验。"第二天,孩子不再吵闹而是乖乖地穿上校服上学了。这个例子告诉我们,让孩子健康成长,培养其独立性的重要前提是,父母提供他(她)更多的自由空间,不要有意无意阻挠或侵占他们独立成长的空间。

这种独立性也体现于家庭成员的经济独立。将儿女抚养到18岁是父母必须履行的法律义务。儿女长大成人后,一般不应再向父母伸手要钱,形象地说,父母不能成为孩子的"取款机"。成年子女向父母借钱可以立字据,一家人在饭店聚餐可以各掏腰包。这种家庭环境使孩子从小养成独立生活的习惯,提供了锻炼独立生存能力的机会。对他们而言,年满18周岁,就是拥有许多权利,能够自我决断的成年人了,可以离开家庭(to leave the nest)出去闯荡,如果还依赖父母那就是"to be tied to one's mother's apron string"(意思是系在母亲的围裙带

> 1920年,年仅11岁的里根在踢足球时不小心踢碎了邻居家的玻璃,邻居向他家索赔12.50美元。闯了大祸的里根向父亲认错。父亲却让儿子对自己的过失负责,为难地说:"我没钱赔人家。我只能把钱先借给你,但一年后必须还我。"从此,里根每逢周末、假日便外出打工,经过半年的努力,他终于挣足了12.50美元还给了父亲。

时代。许多父母在孩子很小时,不仅培养他们独立生活的能力(英语表述为to cut the umbilical cord,意思是砍断脐带,比喻"开始独立"),让他们自己吃饭、穿衣,还注重孩子心理独立的培养。虽然开始时饭桌被孩子搞得一塌糊涂,饭粒撒了一地,衣服也可能穿反,但熟练后就可以自理生活。他们与孩子分房睡眠,让他们从小习惯自己的小天地,因为在父母看来这是孩子迈向个人独立的第一步。而中国父母对孩子照顾得无微不至,使孩子成为生活上的低能儿,甚至养成好逸恶劳的习惯。

许多英美国家的父母在孩子童年期就鼓励他们自己决定要做的事情,并对自己的行为负责。美国前总统里根的父母对他的教育就是一个著名的例子。在父母看来,孩子靠自己劳动挣点钱,有助于认识金钱来之不易,从小培养起自立的意识。与里根父母相比,中国父母对待孩子就像母鸡保护鸡仔那样呵护,无论发生什么事情,一切都由父母顶着。

在德国,6~10岁的孩子要帮助父母洗碗、扫地和买东西;10~14岁的孩子要参加修剪草坪之类的劳动。因此,大、中学生勤工俭学都很普遍,有的去快餐店、洗衣店、加油站服务;有的为别人送报、照看小孩;有的为别人割草、修整庭院;有的为别人铲雪、代扫落叶等等。与此形成鲜明对比的是,中国的孩子当然主要是城市的孩子缺乏劳动的习惯,依赖父母或依赖社会的心理就比较严重。

其次,从英美国家整体社会经济环境看,为孩子独立性的养成提供了便利条

十一、西方家教对我们的启示

十一、西方家教对我们的启示

家庭是社会的细胞。不同社会的家庭有着不同的特点。中国历来有"他山之石，可以攻玉"的说法，我们不妨把中国家庭教育和西方家庭教育在观念、内容、方法等方面选取几个切入点做一番比较，既可相互学习、取长补短，又能帮助我们分析中国家教问题的症结在哪里。

18岁，父母不再是"取款机"

在西方国家，孩子长到18岁就要独立生存了，生活费和学费主要靠自己去挣。许多孩子靠半工半读来完成大学学业，他们认为成年后还让父母养活是件丢脸的事情。连一些富翁也这样要求自己的子女。

而绝大多数的中国大学生，都是在父母省吃俭用支付其所有费用的情况下完成学业的，即便毕业了，找到工作了，结婚、买房子乃至照看孩子的负担还要父母承担或支持，心安理得地享受年迈父母的庇荫。

为什么中外青年的差别如此之大？稍加分析就可以看到，西方国家特别是英美国家的父母，他们的家庭教育理念、社会经济环境及历史文化传统与中国有很大不同。

首先从家庭教育理念看，英美国家的父母把培养孩子的重点放在独立性上。使他们走上社会后，通过自助自立（to stand on one's own two feet），达到出人头地（to look out for number one）的目的。父母对孩子独立性的培养始于孩提罚手段,当打还有利用价值的时候,我们是很难发挥想象力或者创造力,来开发新的惩罚技术的。这就是为什么我要说,打抑制了父母的惩罚能力。

由此来看,不论是从孩子的身心发展,还是从父母的养育能力来看,"打"都是需要改变的,需要禁止的。我们一天不能摆脱"打孩子",我们就一天难以发现更好的惩罚手段!

 不打一样是惩罚

惩罚其实可以有两个方向:**其一,增加痛苦;其二,减少快乐**。当我们不再简单地将惩罚等同于打的时候,你会发现其实有很多种惩罚可以选择:

冷处理

就是在孩子出现不良行为的时候,用置之不理的办法"冷冻"他。现在大部分家庭都是一个孩子,享受惯了父母的关注,如果没有人(尤其是平日里嘘寒问暖的人)理睬他了,他会感觉非常难受。这是不是一种惩罚呢?当然,不是要一直"冷"下去,而是在等待孩子自己发现错误,自己认识到,并做出改正或者弥补的行为。

补偿行为

当孩子意识到自己的错误后,帮助他们找到弥补的办法,比打骂一顿不知要好多少倍。比如,当孩子打了同学,与其把他再打一顿,不如让他承担打人的后果,去赔礼道歉或者每天给同学去补课;当孩子说谎了,与其打得他编出更多的谎话,不如给他一个机会让他证明给你看。

剥夺特权

将本来属于孩子的特权剥夺掉,是不是也一样会让他觉得很难受呢?比如,按照约定将零用钱缩减或者取消旅行计划等等。

当然,还有很多很多其他的方法,只要父母决定放弃或者减少"打"这一惩罚手段,就可能找到很多别的办法。但值得注意的是,惩罚与奖赏都是教育的手段,在运用的时候要善于结合,灵活选择。

研究发现,父母对子女越采用严厉的惩罚,孩子越可能表现出更严重的孤独、不关心他人、难以适应外部环境、喜欢冒险等特征,也更容易产生焦虑、担忧及某些强烈的情绪反应。这些负面的体验自然影响儿童的身心健康,容易引发退缩、攻击等不良行为。

打之所以产生如此结果,是因为:

☆ 打让孩子"好汉不吃眼前亏",孩子当然会服软;但不良行为问题绝不是一朝一夕就能改变的。为了不挨打,孩子不得不想方设法来掩盖还没改正的行为问题,这就引发了替代性的问题。

☆ 打包含着武力制胜的道理,即要想控制对方就要动手,也就是父母在打孩子的时候无形中成为被模仿的对象;以后当孩子面临与他人冲突的情境时,也自然而然会想到打这一解决途径。

☆ 打常常让孩子记住了疼,却可能忘记为什么。很多打孩子的家庭,在孩子到了青春期后如果不改变打的方法,很可能遭遇孩子的反抗,甚至出现父子对打或者母子对打的局面。

 父母惩罚能力的受限

打的目的其实是要惩罚孩子。但惩罚不等于只有打这一种办法。

在"西点"问题的讨论中,我们看到一种很幼稚的争论,即对孩子需不需要惩罚。其实,惩罚与打绝不是一个概念。前者是泛指直接或间接地使个体体验到痛苦,以矫正道德或行为越轨者,后者是直接的体罚,让个体在身体上感受到痛苦。惩罚是帮助儿童树立行为界限、体验善恶是非的办法,是需要的。

把惩罚与打捆绑在一起,是因为"不打不成器"或者"棍棒底下出孝子"的古训,在我们头脑中已根深蒂固了,而且打的方式又与我们的情绪化反应相得益彰。也就是说,打已经成为我们最习惯、用得最简单的一种惩罚手段了。

行为理论告诉我们,习惯成自然,要想改变习惯,除非习惯让我们不舒服,习惯带来麻烦。当我们用惯了打这样的惩

师等相关人员)了解情况,再让孩子认错,或者让孩子按照父母的想法来做,孩子不听或者不照做,父母实在气不过去才开打。

其三,认定打最有效。一般而言,打总归是有些用的,比如,打使犟嘴的孩子闭嘴了,不认错的孩子哭哭啼啼认错了,不听话的孩子几天里变乖了……打引发的结果,给了父母效能感。

说到底,打是父母对孩子不良行为的一种惩罚,也是帮助父母实现权威感的一种手段。通过打,孩子的不良行为暂时会收敛;原本已经觉得束手无策或者觉得被孩子小看的父母,又找到了尊严。但事实上,打在表现出有效的同时,也将危机留在了明天。

 打孩子带来的危机

有位父亲这样描述打孩子的结果:

一种是你打孩子,孩子就打别人,你打出了一个小霸王。因为有些孩子在家中受了气,他就去攻击别人来撒气。

另一种是你打孩子,打出一个胆小鬼。因为孩子年龄太小,他发现你发火的样子很可怕,于是更加害怕。结果孩子就条件反射,大人声音一高就开始哆嗦。这样的孩子一出去见什么都怕。

我知道,许多打孩子的爸爸,大概是为了孩子好,但是后果往往并不利于孩子,反而给孩子的身心造成了极大的伤害。给孩子一拳一脚,孩子感到最大的伤害不是皮肉之苦,而是感到人格上的侮辱、精神的伤害,他会产生一种怨恨。

之所以引用这个父亲的感慨,是因为他的感性认识与我们通过研究得到的理性认识非常地吻合:"打"与儿童的**不良行为关系密切**。

研究发现,不论父亲还是母亲,对儿童的行为采取体罚、苛求、威吓、虐待等惩罚的手段,是儿童不良行为最为关联的因素。换句话说,就是打、骂等暴力手段,在处理某一行为问题的同时,又引发了其他的行为问题。打的结果不是解决了问题,而是转移或者替代了问题。比如,原本和你顶嘴的孩子,因为挨打,变成了说谎的孩子。顶嘴减少了,并不代表打对了,因为说谎同样是不良的行为,甚至更难以矫正,因为发现的难度更大。

十、家教遗产中的是与非

力、意志力等等，都不言而喻。网络也是一样，里面有丰富的信息资源和人际支持资源，正确使用可以实现足不出户却闻天下事。

最后，玩要有个度。 在孩子因为一时玩兴大发而忘记了学习的时候，我们特别要提醒父母的是，对玩要引不要堵，要想办法将孩子的注意力转移到学习上来，而不是把玩的途径切断。

好好观察你孩子的玩，好好培养你孩子的玩，说不准，你的孩子唱歌、跳舞、打球、踢球、下棋、玩车，玩得出色，天生是个有出息的大玩家呢!

不打不成器吗？

2003年9月，万国英在杭州创办了西点军校式的男孩训练中心，为没有时间、没有经验管教孩子的家长提供全托服务，以准军事化的管理，独特的教育方式引起了社会各界的广泛关注。其中争议最大的就是"西点"的鞭刑，即用鞭子(一根塑料绳外面包裹着一层花布)抽打有严重越轨行为的孩子。"西点"这样的做法，引起了很大的争议。争议的焦点就是在教育中，能不能打孩子……

"不打不成器"、"棍棒底下出孝子"的古训由来已久。在禁止体罚的今天，"西点"竟然能堂而皇之地办起来，据说挨过鞭打的孩子的家长甚至连一般的抱怨都没有。那么，真的是不打不成器吗？

打的心理机制

很多打孩子的父母(包括"西点"的创办者万国英)都会说："我们也不想打孩子，还不是为了他好吗？虽然打在孩子身上，我们也很心疼的。"从中可以看到，"打"至少包含了三个心理条件：

其一，孩子错了。 这可能是打孩子的最关键的理由。"西点"的鞭刑也不是随便用的，而是针对有严重违规行为的孩子。

其二，没有别的有效办法。 一般来说，先向孩子(或者先向老

指甲……反正,什么都可以玩。孩子越偷着玩,思想越不集中,因为他们不但要想着玩,还要想着怎么不让父母知道。而父母看见孩子玩,心里就焦急,越焦急越想管住孩子。

现在有不少大学生因为玩而被退学。在我国能上大学的仍然是少数,可为什么进入大学的孩子,会玩物丧志呢?其中一个原因就是他们在摆脱了父母的"禁玩令"后,过度放纵而难以自制。一个被退学的大学生这样说:"读小学、中学,你逃课去打游戏,老师马上会告诉家长,学校、家里都会管的。到了大学,你缺课根本就不会有人管。在网吧里玩一晚上只要5元,一个网络游戏的月卡也就35元,大学生完全玩得起。"

 玩物和励志

从上面的分析与实例中可以看到,玩物与丧志之间并没有直接的关系,倒是不让玩更可能带来丧志的结果。做父母的,与其用禁玩来防止孩子丧志,不如更智慧地将玩物与励志结合起来。

*首先,玩是一种放松,也是另一种生活。*对于年幼儿童而言,游戏是最好的学习过程。在游戏中,孩子学着模仿各种角色,学着做饭、烧菜、打针、开飞机、打仗等等。他们体验着各种角色,学着相互交流,相互尊重,共同遵守规则。对于孩子而言,讲道理不如寓教于乐,说教或者管制只能引起他们的反感。

*其次,玩物丧志的一个关键问题,就是孩子缺乏自我管理能力,缺乏合理安排生活的能力。*就拿网络而言,并不是所有的孩子都"触网"就丧志。沉溺于网络的仍然是少数,而且基本上都是借网络来逃避现实的压力,逃避生活中的不如意,想在网络中寻找一种成就感。所以,如果父母除了关注孩子的学习以外,更多地给孩子参与自我管理、自我安排生活的机会,让孩子习得健康的生活方式,那么玩物丧志的几率就会大大降低。

*再次,玩物也是培养孩子各种能力的一种实践。*比如,养宠物,孩子要想养好宠物,是要有充分的责任心和爱心的,要了解宠物的习性,要安排好自己的作息与照顾宠物的时间,要在宠物生病的时候给予特别的看护……这些其实都为孩子日后关怀他人、照顾自己打下了基础。打球、爬山、游泳就更不用说了,其中的团队精神、耐